アスリートがキャリアを考えるときに最初に読む本

EY新日本有限責任監査法人 編

同文舘出版

はじめに

　「スポーツは社会を豊かにする」と言われています。実際、私たちが直面している社会課題を解決するために、多くの場面でスポーツが生かされています。

　2022年4月にスポーツ庁が策定した「第3期スポーツ基本計画」では、「スポーツそのものが有する価値」を「スポーツを通じて『地域社会の再生』『健康で活力に満ちた長寿社会の実現』『国民経済の発展』『国際相互理解の促進』等を進めることで、社会の活性化・課題の解決に寄与することができることである」と記載されています。

　読者の皆さんも、スポーツを通じて笑顔が広がる身近な例をご存知ではないでしょうか。

　さて、スポーツの世界の中心にはアスリートがいます。アスリートの活躍があってこそ、スポーツはより一層魅力的なものとなります。そこで、先ほどの「スポーツは社会を豊かにする」という文章のうち、「スポーツ」を「アスリート」に入れ替えてみましょう。

　「アスリートは社会を豊かにする」

　この言葉を聞いて皆さんは何を思い浮かべるでしょうか。

　超一流のトップアスリートが、素晴らしいパフォーマンスによって観ている人たちに夢や勇気を与えることかもしれません。輝かしい実績と人気を誇ったアスリートが引退後に、子どもたちを集めてスポーツを教えていることかもしれません。

　しかし、アスリートが持つ可能性はそれだけではありません。私たちEYは、アスリートが社会に与えるポジティブな影響というものを、より広く、

より大きなものと捉えています。

　アスリートは競技に取り組むことを通じて、高い能力を身につけています。その能力には競技に関するスキルだけでなく、社会全般において必要とされる能力が数多く含まれています。
　実際にアスリート出身の多くの方が、社会のさまざまな分野で活躍されています。また、企業経営者には学生時代にスポーツを経験していた方が多いということは広く知られています。

　一方で、現役のアスリートにキャリアについて話を伺うと、よく聞く言葉があります。

「自分からスポーツを取ったら何も残らない」
「競技のことしか知らないので一般社会で何ができるのかわからない」
「引退後のことを考えると不安になる」

　多くのアスリートがスポーツ以外の世界において、自分自身の価値を低く感じています。そして、将来について漠然とした不安を抱えながら競技生活を送っています。
　おそらく多くのアスリートは、子どもの頃に遊びや何かをきっかけで始めたスポーツにどんどん夢中になり、優れた成績を収めていくうちに、生活の多くの時間をスポーツに費やすようになっていったのではないかと思います。周囲の方もアスリートが素晴らしい競技生活を送れるように、全力でサポートしていると思います。その中で、アスリートは自分自身の人生のキャリアというものを考える機会と時間が限られてしまっていたのかもしれません。

　長い人生の中でキャリアを考えるということは、誰にとっても難しいテー

マです。ましてや長い間取り組んできたスポーツの世界を離れ、未知なる世界へと飛び込まなければならないとなると、なおさら高いハードルがあるように感じられるというのは、当たり前かもしれません。

　そこで、私たちは、このハードルを少しでも下げることで、アスリートが本来持つ素晴らしい能力を、この社会でもっと発揮してもらえるのではないかと考えました。そこで、以下の点を意識して本書を企画しました。

・アスリートの目線や気持ちを汲み取ること
・アスリートが社会でも発揮する強みを整理して伝えること
・アスリートの「知らない」から生まれる不安を和らげること

また、本書では以下のように読者を広く想定しました。

・スポーツに真剣に取り組むすべての競技者（学生からプロフェッショナルまで幅広いプレーヤー）
・家族、指導者、団体職員など、アスリートを導きサポートする支援者
・企業、各種団体、自治体など、雇用者やビジネスパートナー

　一言でアスリートと言っても、個性や置かれている環境など、それぞれ違います。それでも、スポーツを通じて培った能力、悩んでいることなど、共通していることも多いと思います。また、アスリート自身だけでなく、アスリートを支え応援する周囲の方たちが、アスリートのキャリアについてより深く理解することは、アスリートの大きなサポートになるはずです。

　今、私たちの社会は大きな岐路に立たされています。さまざまな社会課題を解決するために、社会全体でこれまでの考え方、やり方を変えようとしています。その中で、社会は多様な人材を求めています。

本書が、競技生活を通じて素晴らしい能力を培ってきたアスリートが、次のステージへと力強い一歩を踏み出すための一助になりましたら幸いです。

　最後に、本書の執筆にあたっては、多くのアスリートや関係者の方に話を伺い、ご意見や激励を頂戴しました。ご協力くださった皆様に心から感謝申し上げます。

EY新日本有限責任監査法人

スポーツセクター・リーダー

多田　雅之

『アスリートがキャリアを考えるときに最初に読む本』
目次

はじめに　i

Part 1　アスリートとキャリア

- 1-1　準備運動　①「アスリート」について　3
- 1-2　準備運動　②「キャリア」について　5
- 1-3　アスリートが早くからキャリアに取り組むメリット
    ①スムーズに次の第一歩を踏み出せる　8
- 1-4　アスリートが早くからキャリアに取り組むメリット
    ②競技のパフォーマンスの向上につながる　10
- 1-5　アスリートが早くからキャリアに取り組むメリット
    ③社会にも良い影響を与える　12
- 1-6　キャリアに取り組むタイミングについて　14
- 1-7　キャリアを考えるときに立ちはだかる心の壁
    ①未知の領域が大きい　16
- 1-8　キャリアを考えるときに立ちはだかる心の壁
    ②自分を認められない　18
- 1-9　キャリアを考えるときに立ちはだかる心の壁
    ③成功者としてのプライド　21
- 1-10　キャリアに取り組むときの心構え
    ①新しいチャレンジを楽しむ　23
- 1-11　キャリアに取り組むときの心構え
    ②スモールステップを大切にする　25
- 1-12　キャリアに取り組むときの心構え
    ③人との出会いを大切に　27

v

- 1-13 〈実例〉広がるアスリートのキャリア
  ①競技に関わり続ける道 28
- 1-14 〈実例〉広がるアスリートのキャリア
  ②新しい分野で活躍する道 32
- Interval　なぜ、高卒元プロ野球選手が公認会計士になれたのか 34

Part 2　キャリアにおけるアスリートの強み

- 2-1 キャリアにおいて求められるスキルとは 39
- 2-2 キャリアにおいてアスリートが持っている強み 43
- 2-3 アスリートの強み　①セルフ・コントロール 45
- 2-4 アスリートの強み　②推進力 46
- 2-5 アスリートの強み　③やり切る力（グリット） 48
- 2-6 アスリートの強み　④耐える力（レジリエンス） 49
- 2-7 アスリートの強み　⑤チームワーク 51
- 2-8 アスリートの強み　⑥包容力 52
- 2-9 アスリートの強み　⑦説得力／プレゼン力 54
- 2-10 「社会人基礎力」から強みについて考える
  ①「前に踏み出す力」 57
- 2-11 「社会人基礎力」から強みについて考える
  ②「考え抜く力」 60
- 2-12 「社会人基礎力」から強みについて考える
  ③「チームで働く力」 63
- 2-13 社会はアスリート人材を求めている 66
- Interval　スポーツの経験から得られる社会人基礎力
  ～アンケート調査の結果から～ 69

目次

Part 3　キャリアを考えるステップ

- **3-1**　どのような仕事があるのかを知る
  ①分類ごとの職業一覧　75
- **3-2**　どのような仕事があるのかを知る
  ②求人を見てみる　80
- **3-3**　自分自身を知る　①自分史を作ろう　82
- **3-4**　自分自身を知る　②自分の強み、弱みを知る　86
- **3-5**　自分のキャリアを考える　①3方向からのアプローチ　88
- **3-6**　自分のキャリアを考える　②自分の価値を高める　90

Interval　インタビュー　〜アスリートのキャリア形成〜　93

Part 4　知っておきたい　お金と社会の仕組み

- **4-1**　個人のお金の話
  ①生涯お金はいくら使うのか　99
- **4-2**　個人のお金の話
  ②個人がお金を手に入れる方法とリスク　102
- **4-3**　個人のお金の話
  ③キャッシュ・バランス　105
- **4-4**　スポーツ界に関するお金の話
  ①スポーツ界の収入源　107
- **4-5**　スポーツ界に関するお金の話
  ②企業はなぜスポーツにお金をかけるのか　111
- **4-6**　私たちの社会とお金　①資本主義とは　114
- **4-7**　私たちの社会とお金　②株式会社の仕組み　117

- 4-8 　私たちの社会とお金　③直面する社会課題　119
- 4-9 　私たちの社会とお金　④新たな資本主義　121
- 4-10　社会においてお金が果たしている役割　124
- 4-11　資本主義社会におけるお金　127

◦ Interval　異なる2つの道を歩む　130

Part 5　スポーツと社会の未来

- 5-1　スポーツがビジネスパーソンを強くする　135
- 5-2　スポーツが社会を豊かにする　138
- 5-3　スポーツが社会を変革する　141
- 5-4　スポーツを生かした地方創生　144
- 5-5　スポーツの力を守り、生かすために　147
- 5-6　スポーツとビジネスのつながり　151

特別寄稿　スポーツを通じて社会を豊かに──　154
　　　　　（スポーツX株式会社）

※本文中の図表において、出所の記載のないものについては編者作成を示す。

アスリートが
キャリアを考えるときに
最初に読む本

Part 1
アスリートとキャリア

Summary

　Part 1 では、まず本書でよく使われる「アスリート」と「キャリア」という言葉の意味を整理します。

　そのうえで、「アスリートが早くからキャリアに取り組むメリット」について、3 つのポイントを説明します。

　また、アスリートが抱えるキャリアへの不安について、「キャリアを考えるときに立ちはだかる心の壁」と題して考えてみます。

　最後に、実際にキャリアに取り組まれているアスリートの実例を紹介します。

　Part 1 を読むことで、アスリートがキャリアに取り組むうえで意識しておきたいことを学ぶことができます。また、実例から具体的にイメージをふくらませることで、自身のキャリアについて向き合うための心の準備ができるでしょう。

1-1 準備運動
①「アスリート」について

　それでは準備運動として、言葉の整理から始めましょう。
　「アスリート」という言葉は、テレビや新聞、ネットなどのメディアだけでなく、スポーツ庁をはじめとする公的な機関も使用していますが、それを聞いてイメージする姿は、人それぞれかもしれません。

　たとえば、「アスリート」と聞くと、プロ選手やオリンピアン・パラリアンなどのいわゆるトップアスリートをイメージされる方もいます。一方で、トップアスリートであっても、普段そのように呼ばれたこともなく、自身が「アスリート」であると自覚していないこともあります。そこで、まず本題に入る前に、本書がどのような方を「アスリート」と呼ぶのかを明確にしておきます。

　本書では、いわゆるトップアスリートに限らず、時間をかけてスポーツに真剣に取り組むすべての競技者を広く「アスリート」と呼びます。つまり、学生からプロフェッショナルまで幅広いレベルのプレーヤーを含みます。また、現役なのか引退後なのかという区別もしていません。

　このように幅広く定義したのは、上記のような方たちはみな、競技の到達しているレベルに違いはあれども、そのプロセスの中で培った能力は共通のものがあると考えられるからです。
　また、本書を手にとられた読者の皆さんは、今のこと、将来のこと、そして次のキャリアのことに関心があるという点でも共通しているはずです。そうした多くの方たちに本書を読んでもらいたいと考えています。

アスリートは、もともとの性格や個性も、取り組まれている競技も、置かれた環境も、千差万別であり、誰一人として同じではありません。そのため、「アスリート」と一括りにして何かを語るということには、本来、無理があることです。この点は、過去にあるアスリートの方と対談した際に指摘を受けました。それでも、素晴らしい能力と可能性を持つアスリートが広く社会で活躍する一助になりたいと思い、本書を執筆しました。

　本書で述べているすべてのことが、すべてのアスリートに当てはまるわけではありません。この点は、読者の皆さんにも理解いただき、自身に当てはまらないと思ったことは読み流すなど、上手に本書を生かしてほしいと思います。

> POINT
> 本書では、トップアスリートに限らず、時間をかけてスポーツに真剣に取り組むすべての競技者を広く「アスリート」と呼ぶ。

1-2 準備運動
②「キャリア」について

　本書では「キャリア」という言葉も繰り返し出てきます。「キャリア」というと、たとえばスーツを着たビジネスパーソンの仕事の経歴をイメージするかもしれませんが、本書では、アスリートの競技生活も、キャリアの1つと捉えています。そのうえで、アスリートの「キャリア」のパターンを一度整理してみましょう。

　図表1のように、競技者（プレーヤー）としての関わりを横軸に、競技そのものへの関わりを縦軸にして、それぞれの程度の強さで4つに分類してみました。

図表1　アスリートのキャリアのパターン

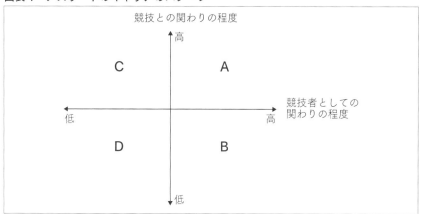

　それぞれの代表例は次のとおりです。

Ａ：現役プレーヤーによる競技活動
Ｂ：現役プレーヤーが、社会貢献活動、宣伝活動を行う
Ｃ：競技の指導者、所属チームの運営メンバー
Ｄ：企業の従業員や経営者として働く

　本書では、上記のＡ、Ｂ、Ｃ、Ｄのすべてを「キャリア」として捉えています。そして、Ａをスタート地点として、次のキャリアに進むことについて考えます。同じカテゴリーの中での変更も、他のカテゴリーに移動することも、次のキャリアへの変更、すなわちキャリア・シフトだと考えます。たとえば、今現役プレーヤーのキャリア・シフトは「Ａ→Ａ」「Ａ→Ｂ」「Ａ→Ｃ」「Ａ→Ｄ」が考えられます。

　本書では、この中でも大きなキャリア・シフトとなる「Ａ→Ｄ」を念頭において、このあとの考察や解説を進めていきます。その内容は、「Ａ→Ｄ」以外の他のキャリア・シフトでも共通すると思いますし、「Ｂ→Ｃ」や「Ｃ→Ｄ」など、他のカテゴリーのキャリア・シフトにおいても生かすことができるでしょう。
　また、本書では前述のように「アスリート」の意味を広く捉えていますので、Ａの競技生活がプロフェッショナルか否かは問いません。たとえば、学生アスリートが企業に就職したり自ら起業したりする際にも、本書は役に立つでしょう。

　なお、人によっては、「セカンドキャリア」、「デュアルキャリア」、「キャリア・トランジション」などの言葉を耳にしたことがあるかもしれません。これらは、先ほどの図表1に当てはめ、次の図表2のようにイメージすると整理しやすいでしょう。

図表2　キャリアに関する用語の整理

	説明	キャリアのパターン
セカンド キャリア	アスリートとして活躍したあとに、異なる競技やフィールドで活躍すること 　例：引退後に一般事業会社に就職する	「A→B」「A→C」「A→D」のB、C、D
デュアル キャリア	アスリートとして活躍しながら、異なる競技やフィールドで活躍すること（より広い意味では、将来的な活躍を目指した活動も含む） 　例：競技生活をしながら、一般事業会社に勤務する（学校に通う）	「AとA」「AとB」「AとC」「AとD」
キャリア・ トランジション	活躍の場を異なる競技やフィールドを変更すること	「A→A」「A→B」「A→C」「A→D」

POINT

　本書では、アスリートの競技生活も「キャリア」の1つと捉えたうえで、次のキャリアに進むことについて考える。

1-3 アスリートが早くから キャリアに取り組むメリット
①スムーズに次の第一歩を踏み出せる

　準備体操はここまでとして、いよいよ本題に入りましょう。まず初めに、アスリートがいち早くキャリアについて取り組むことのメリットについて考えてみましょう。

　メリットとして最初に挙げられるのは、次のキャリアへの第一歩が踏み出しやすくなるということです。その理由は主に3つあります。

　1つ目の理由は、早くからキャリアに取り組めば、それだけ得られる情報が多くなるということです。また、時間もかけて検討することができます。そのため、自身の価値観や考えに丁寧に向き合い、目指すものをより明確にすることができます。

　2つ目の理由は、スポーツ界の外にも人脈を持つことができるということです。キャリアの形成において人との出会いはとても大切です。早くから取り組めば取り組むほど、競技生活をしているだけでは出会わない人と過ごす時間も増えます。その出会いによって視野が広がり、多くの選択肢を知ることができます。スポーツの世界にいると気づけない自身の価値に気づかされることもあるでしょう。自身の新しい可能性を感じることができれば、キャリアについて考えることも楽しくなってくるでしょう。

　3つ目の理由は、心理的な負担を軽減できるということです。誰もが経験したことのない未知の領域に踏み出すときには緊張しますし、時には恐ろしくも感じます。しかし、キャリアを早くから考え始め、準備を進めておけば、未知の領域が小さくなりますので、抵抗感も和らぎます。また、次のキ

ャリアで活躍するロールモデルに出会い、自身の姿を重ねて未来像を想像できれば、キャリアを考えることが楽しくなり、モチベーションも高まるでしょう。

　このようなことから、アスリートがいち早くキャリアについて取り組むと、よりスムーズに次の第一歩が踏み出せるようになることが期待できます。

> POINT
>
> 情報が増えて、人脈が広がり、抵抗感も和らぐため、次のキャリアへの第一歩を踏み出しやすくなる。

1-4 アスリートが早くから
キャリアに取り組むメリット
②競技のパフォーマンスの向上につながる

　２つ目のメリットは、意外に思われる方もいるかもしれませんが、現役のアスリートがキャリアについて取り組むことが、競技そのものにプラスに働くことです。具体的には以下の４つのプラスがあります。

　まず、競技とは異なるジャンルにある成功の秘訣が、自身の競技を取り組む際のヒントになることがあります。競技に取り組む際に、自身の競技とは異なる競技のトレーニング方法を参考にすることがあるのではないでしょうか。それと同様に、スポーツとは異なる分野での考え方やアプローチの方法が、自身の競技への取り組みをより深めることがあります。

　次に、競技とは少し離れて外から自身や競技を見る機会を得ることで、競技に取り組むモチベーションにつながることがあります。
　たとえば、あるアスリートの方は引退後に競技を支える側に回ったときに、自身の競技生活がどれほど多くの方の支えによって成り立っているかを初めて理解し、競技に関する考え方が変わったとおっしゃっていました。また、怪我がきっかけで競技から一時的に距離を置かざるを得なくなったときに、初めて自身のパフォーマンスがどれだけ多くの人の力になれていたのかを知り、競技に取り組む姿勢が変わったという話も聞きました。
　キャリアを考えることで、競技を取り組んでいただけでは考えなかった視点が加わり、自身や競技そのものの価値に改めて気づき、それが競技に取り組むうえでのパワーにつながります。

　加えて、多くのアスリートはお金のこと、将来のことを不安に思っていま

すが、不安が積もれば競技への集中力が落ちてしまい、パフォーマンスに影響を及ぼしかねません。不安を放置するのではなく、キャリアについて少しずつ取り組むことで、不安が和らぎます。より安心して競技に集中できる環境を整えられれば、パフォーマンスを高めることにつながります。

　さらに、多くの支援者を獲得することにつながることもあります。アスリートは、たとえ個人競技であっても、支えてくれる周囲のパワーを含めたチームでの戦いでもあります。

　早くからキャリアに取り組むことで、シンプルに、出会いが増えれば自身を応援してくれるような方と出会うチャンスも増えます。また、競技を支える側の考えや価値観などをより深く学ぶことで、相手の心を動かすためのセルフブランディングを強化することもできます。このことは、次のキャリアに生かせるだけでなく、現在取り組む競技のパフォーマンスの向上にもつながることが期待できます。

POINT

これまでにない考え方や出会いが生まれることで世界が広がり、競技のパフォーマンスが向上する。

1-5 アスリートが早くから キャリアに取り組むメリット ③社会にも良い影響を与える

　3つ目のメリットは、アスリートがいち早くキャリアに取り組むことで、充実したキャリアを実現し、社会により良い影響をもたらすことにつながることです。

　今、私たちの社会は重要な分かれ道にいるといえるでしょう。本書のPart 5でも触れますが、これまで私たちの社会の発展を支えてきた伝統的な資本主義は、環境問題をはじめとする多くの社会問題をもたらしました。
　そこで、私たちは、価値観を転換し、新しい社会のあり方を再構築しようとしています。これまでの考え方ややり方を変えようとするとき、社会は多様な人材を求めます。
　そのため、競技生活を通じていろいろな経験やスキルを持つアスリートも、これまで以上に可能性を持ち、社会の中での存在価値が高まっています。アスリートが、競技の中だけでなく、外に目を向けて、多くの分野で活躍することは、私たちの社会にとっては、より多くの豊かな人材が誕生することでもあるのです。

　社会課題を解決するために、社会はより多くの人材を求めています。だからこそ、私たちの社会はアスリートのキャリアをより積極的に支援することに、これまで以上の意義があると考えています。アスリート自身のためだけでなく、私たちの社会にとってもプラスの影響をもたらすことができますので、積極的にキャリアについて考えてみてください。

> **POINT**
> アスリートのキャリアが充実することで、これからの社会をつくっていくうえで必要な多様な人材が生まれ、社会に良い影響をもたらす。

1-6 キャリアに取り組むタイミングについて

　これまでキャリアに早くから取り組むメリットについて述べてきましたが、私たちはアスリートがより早期からキャリアを考えるべきであると一方的に主張するつもりはありません。

　アスリートが競技生活にどれだけの時間とエネルギーを注ぐかは、自身のベストパフォーマンスを追求するうえで重要です。勝負をかける大会の前など、キャリアのことは横に置いてでも競技に専念するときもあるはずです。また、詳しくは後ほど述べますが、競技に専念した経験が、その後のキャリアにおいても大きな武器になります。

　ですので、競技生活を送るとともに、次のキャリアを考え始めるタイミングや、どれくらいの時間をそれに割くのかは、アスリートがそれぞれの状況に応じて判断することになると理解しています。

　ただし、いつ何を行うべきか、何を優先すべきか、その判断を行うためにも、メリットをあらかじめ知っておくことは重要です。知らないとそのメリットを得る機会を逃してしまうかもしれません。ですので、キャリアについて早い時期から考えることのメリットについて、まずは知っておいてほしいと思います。メリットは 1-3 〜 1-5 で述べた3つだけではありません。先輩のアスリートや周囲の理解のある方たちと話し合ったり、仲間と一緒に情報を集めたりしてみてはいかがでしょうか。

POINT

いつキャリアに取り組むか、自分にとって良いタイミングで判断するためにも、まずは情報を集めよう。

さて、情報を集めていると、内容によっては話題になるのはポジティブなことだけではないかもしれません。時にアスリートがキャリアについて取り組もうとすると、高い壁を感じてしまうこともあります。

そこで次に、アスリートならではのハードル、特にアスリート自身の中にある心理的なハードルを紹介します。たとえ不安になることがあっても、それは自分だけではなく他のアスリートも同じなのだとあらかじめ知っていれば、高い壁も低くなるはずです。

1-7 キャリアを考えるときに立ちはだかる心の壁 ①未知の領域が大きい

　１つ目の心の壁は、「知らないことが多い」ことからくる不安感です。

　本書を執筆するにあたり、さまざまなアスリートから話を聞きましたが、「ビジネス界に対する知識がなく、自分が活躍しているイメージがわかない」「勉強も苦手だったし、ビジネス界で活躍するための知識を身につけることができるか不安」という声が少なからずありました。

　これは、これまでのアスリートを取り巻く環境にも原因があるように思います。かつてほどではなくなったといえ、スポーツ界では多くの指導者が競技に集中することの大切さを強調します。

　もちろん、そのこと自体が悪いわけではありません。競技においてより高いレベルに到達するためには、そのような言葉がアスリートたちの背中を押してくれます。そのような努力と研鑽の日々が素晴らしい成績にもつながります。競技に集中することが、やり切る力や試行錯誤する力など、その後のキャリアでも役に立つ多くのスキルを伸ばすことができます。

　ただし、その指導やメッセージが行き過ぎると、アスリートはだんだん「スポーツだけをやればいい（スポーツ以外のことはやらなくていい、考えなくていい）」と感じてしまいます。特に若いアスリートにとっては、指導者からのメッセージは時に絶対的なものとなって、考え方に大きな影響を及ぼすことがあります。

　「生活のすべてを競技に捧げなさい」「上達するために365日何ができるかを考えよう」「全身全霊をかけて勝利を目指して取り組もう」など、しばしば強い言葉で伝えられることはないでしょうか。勝たせてあげたい、うまく

なってほしい、何かに夢中になって取り組むことの素晴らしさを伝えたい、いずれも指導者の純粋な思いです。しかし、伝え方に気をつけないと、場合によってはアスリートの思考を停止させてしまう、視野を狭めてしまう、というリスクが潜みます。特に、日本には昔から我慢や忍耐を美徳とし、1つのことに専念し粘り強くやり続けることを賞賛する風潮もありますので、そのリスクが高まりやすいのかもしれません。

　もしそうなった場合、アスリートがいざキャリアのことを考えようとしたときに、自分が取り組んできた競技以外のことにあまり目を向けてこなかった現実に直面することになりかねません。

　その結果、「自分はスポーツしかやってこなかった」「自分からスポーツをとったら何も残らない」「自分は社会のことは何も知らない」という言葉が出てきてしまいます。

　新しいことに挑むときに、未知の領域が大きいほど、それに立ち向かうためには大きなエネルギーが必要です。知らないことばかりだと、いざ動こうとしても動き方もわからず、場合によっては意欲を失ってしまいます。あるアスリートは、競技から身を引こうと考えたとき、将来への展望が見えず、突然目の前が真っ暗になるような感覚に襲われたと話していました。

　そうした体験談を聞くほどに、競技の指導とともに、アスリートにキャリアについて考えることのメリットを伝えることや、機会を与えることが大事ではないかと思います。アスリートにも競技に取り組む以外の時間があります。日頃からアンテナを広げ、少しずつキャリアのことを考えてみましょう。

POINT

知らないことが多すぎると、いざ動こうとしても動けなくなってしまう。少しずつキャリアのことを考えよう。

1-8 キャリアを考えるときに立ちはだかる心の壁 ②自分を認められない

　2つ目の心の壁は、「どうせ自分なんかにはできない」と自分自身を否定してしまう気持ちです。

　アスリートに直接会って話を聞くと驚くことがあります。それは、自分自身の素晴らしさをあまり認めておらず、むしろ低く評価していることが多いということです。

　傍から見ると、好きなことに熱中し、素晴らしい能力を持ち、輝かしい活躍をしてきたアスリートは、自信にあふれていると思われがちです。しかし、現実はそうではありません。実際に多くのアスリートに会ってきましたが、自身のこれまでの競技生活の成績は誇れるものではないと感じているアスリートが多くいました。それは、たとえオリンピックや世界選手権に出場していたとしても例外ではありませんでした。

　ちなみに、自己肯定感が低いというのはアスリートに限った話ではありません。日本では子どもの自己肯定感が他国より低いと言われています。

　たとえば、国立青少年教育振興機構の「高校生の進路と職業意識に関する調査報告書〈令和5年6月発行〉」では、日本、中国、韓国、アメリカの意識を比較していますが、日本の高校生は「自分はダメな人間だと思うことがある」と回答した割合が78.6%と4か国中最も高く、「いまの自分が好きだ」「相手が誰であっても自分の意見を言える」と回答した割合が54.4%と4か国中最も低い結果になっています。この自己肯定感の低さは、次へのステップをポジティブに捉えられないなど、足かせになってしまいます。

　一方、長く海外で活躍した日本人のアスリートに話を聞くと、海外の選手

は自己肯定感が高い選手が多いそうで、一緒に練習をしていた海外の選手は たとえ負けたとしても「今回はうまくいかなかったけれど、次回こそは良い パフォーマンスを見せられるはずだ」とすごい自信だったそうです。

　アメリカではいち早く、"growth mindset"（成長マインドセット）という 考え方がありました。これは、「人間の基本的資質は努力しだいで伸ばすこ とができるという信念」に基づいて、自分が他人からどう評価されるかを気 にするのではなく、自分を向上させることに関心を向けるという、心のあり 方を推奨するものです（ちなみに、この反対は"fixed mindset"（硬直マイ ンドセット）と呼ばれます）。

　これを、アスリートに当てはめると、単に勝負に勝つことを成功と考える のではなく、競技を通して学び、向上してゆくことこそが成功だと考える、 ということになります。

　競技の目的が勝敗や成績のみになってしまうと、その結果しだいで自己肯 定感が大きく左右されることになります。以前、元陸上選手の為末大氏は、 2位の選手は3位の選手よりも自己肯定感が低かったりすると話していまし た。1位をとれなかったことにフォーカスしてしまう2位と、メダルをとる ことができた3位、という説明に納得したことを覚えています。頂点を目指 すアスリートの心理を言い当てているように思いました。

　あるアスリートは、競技生活を通じて言われ続けた言葉が「失敗はするな」だったそうです。引退後に競技生活を振り返ったときに、その言葉によって失敗を恐れるようになり、常にこの選択が失敗なのか成功なのか心の中で迷いが生じ、自信を持ってプレーすることができず、かえって中途半端なプレーにつながり、失敗を招いていたのではないかと思ったそうです。そのような状態が続けば、「自分は周囲の期待に応えられないダメなアスリートで価値がない」と感じるようになってしまうでしょう。

アスリートは、頂点に立つことができるのはわずかに1人、1チーム、それ以外は敗者という厳しい競争の世界に生きています。望んだとおりの結果を手に入れることができるアスリートはほんのわずかです。

しかし、それは長い目で見たときに、本来問題ではないのかもしれません。自身がどれだけその競技に真剣に取り組んだか、継続してきたか、競技を通して何を学び身につけたか、その競技に対してご自身が向き合ってきた姿勢やプロセスに価値があり、その道のりこそが誇りと自信を持つに値するものではないでしょうか。

キャリアについて考えるとき、自分にはできるはずだ、自分は価値のある人間だと、自己を肯定することは、大切な一歩なのではないでしょうか。

> **POINT**
> 結果だけにフォーカスするアスリートは、自分を必要以上に否定してしまうことがある。日々の競技への取り組みから得られているものにも目を向けよう。

1-9 キャリアを考えるときに立ちはだかる心の壁 ③成功者としてのプライド

　3つ目の心の壁は、2つ目とは反対に、「今さらそんなことはできない、したくない」というプライドです。
　程度に違いはあれども、アスリートはその競技において優秀な成績を収めることを通じて自信を深め、さらなる高い目標を掲げて競技を続けてきています。強い競争心、意地やプライドが支えにもなっています。長い間の競技生活を通じて挑戦を繰り返し、気がつけば随分と高い山を登ってきたのではないでしょうか。

　次のキャリアを目指すということは、それまで登ってきた山とは異なる山を登り直すことにたとえられるでしょう。異なる山を登るためには、それまで登ってきた山を下りなければなりません。そのとき、高い山に登っていたアスリートほど、山を下りることに大きな抵抗感を持ってしまいます。
　多くの脚光を浴びて華やかな舞台に立っていたアスリートが、急に誰からも注目されないことに物足りなさを感じるのかもしれません。素晴らしい成績を収め、それまで多くの人々からリスペクトされていたはずが、一から教えをこうために謙虚な姿勢で人の話に耳を傾けることは、意外と難しいのかもしれません。それまでの成功体験や成功者としてのプライドが、キャリアをシフトしようとするときに、思わぬ障壁となることがあるのです。

　ただし、この障壁は個人差が大きいようにも思います。もちろん、競技生活においてどれほどの成功を収めたかという程度によっても左右されるでしょうし、もともとの性格やキャラクターにも関係します。また、競技に取り組む姿勢などにも左右されるでしょう。1-8で取り上げた成長マインドセッ

トのような考え方を身につけている方は、このような障壁をほとんど感じないかもしれません。

　それでも、少なくともこうした障壁があるということを知っておいて損はないと思います。成功体験は、次のチャレンジを後押ししてくれる心強い味方ですが、その成功体験を通じて手に入れたノウハウが、次のチャレンジで必要とされているものと常に一致しているとは限りません。自信と誇りが、気づかないうちに柔らかさとしなやかさを奪ってしまうかもしれません。

　アスリートがキャリアを考えるときに、自身の姿勢や考え方について一度立ち止まって考えてみることは、大切なステップではないかと思います。

> POINT
>
> 過去の栄光が、次のチャレンジを妨げる過度なプライドになっていないか振り返ってみよう。

1-10 キャリアに取り組むときの心構え
①新しいチャレンジを楽しむ

　これまで、多くのアスリートにお会いして、キャリアについての話を聞きましたが、とてもポジティブに力強くキャリアを歩み続けるアスリートには共通の特徴があることに気づきました。ここでは、その中から3つご紹介したいと思います。

　まず1つ目は、新しいチャレンジを楽しむという気持ちです。競技に大半の時間とエネルギーを費やしてきたアスリートにとって、キャリア・シフトは生活が大きく変わることを意味します。その変化の大きさがプレッシャーになることもありますし、勝手の違う未知の世界を前に不安を感じたりすることは当然のことだと思います。

　それでも、次のキャリアを模索することを前向きに捉え、楽しみながら取り組むアスリートと会う機会は多かったです。競技の中で高い目標を設定し、それに挑み成長する日々の中で、挑戦することの楽しさを知っているからなのかもしれません。そのようなアスリートの皆さんと話しているだけで、筆者も「よし、明日から頑張ろう」とパワーをもらいました。

　あるJリーガーの方は、海外のチームを含めて複数のチームを渡り歩いてきましたが、その選択においては自身が成長できるかどうかという観点を大切にされていたそうです。キャリアのシフトについても、自身の成長のチャンスと捉えて積極的に行動されていました。時に意識的に、新しいチャレンジを楽しむ姿勢を持つことが、前に進むパワーになることを学ばせてもらいました。

これまで経験していないことにチャレンジするということは、新しいことを学び、知らなかった自分に出会えるチャンスでもあり、それだけ成長の可能性があることを意味しています。

　次のキャリアは、これまでの競技生活と同じくらい、もしくはもっと、皆さんを成長させてくれるかもしれません。新しい自分への出会いを楽しみに、キャリアについて取り組んでもらえたらと思います。

> POINT
>
> 新たな成長のチャンスと捉えて、これまでと違うことにチャレンジすることを楽しもう。

1-11 キャリアに取り組むときの心構え
②スモールステップを大切にする

　次に大事なこととして挙げられるのは、大きなチャレンジであるからこそまずはスモールステップで（できることから少しずつ）始めることです。
　大きな試合に挑むにあたっては、日々の練習として、ウォーミングアップから始まり、計画した練習を一つひとつ行い、その中で不足している能力を高めるために必要なトレーニングを行い、再度練習を重ね、試合に臨む、そのようなステップを積み重ねる他ありません。

　このスモールステップについては、アスリートによって2つのタイプに分かれます。
　キャリアを考えるうえで、「自分は何をやりたいのだろうか」という大きな問いがありますが、この問いに関して、すでにやりたいことがある程度決まっている、もしくは決めることができた方は「やりたいこと先行型」といえるでしょう。やりたいことがすでに明確であれば、それに向けて準備を始め、計画・実践の中で繰り返し修正していくステップに移行していくことになりますので、比較的スタートしやすいと思われます。

　一方、競技を引退するという事実が先にあり、その結果、次のキャリアの準備を始める方は「引退先行型」といえます。
　多くのアスリートはこの「引退先行型」なのかもしれません。引退先行型のアスリートはそれぞれの理由があって引退し次のキャリアを考えることになりますが、今まで打ち込んできた競技の一線から退き、肩の荷が下り解放された気持ちになると同時に、突然目の前の目標を失い、空虚な気持ちになり、自分の存在価値を見出せなくなることもあります。

この段階では、社会の中でどのような目標を持って生きていけばいいのかわからず迷子のような状態になります。時に、それまで取り組んできた競技生活のことを否定的に感じてしまうかもしれません。そうした方こそ、スモールステップの意識が大事なのかもしれません。まずは歩いてみることで何かが見えてくるかもしれません。その先の人との出会いや知らなかった自分との出会いが、未来につながるかもしれません。

あるアスリートは、とにかく引退したらやってみたいことをノートに書き出してみるということから始めたそうです。すると驚くほどに頭に浮かんでこない、そこで、とにかくやりたいと思えることを 100 個探すことにしたそうです。別の方は本を 1 冊読むことからスタートしました。

たとえ足踏みのように感じることであっても、それは確かな一歩です。気負いすぎずに、まずはできることから始めてみましょう。

POINT

先が見えないときこそ、まずは小さな一歩から。やりたいことやできそうなことから始めよう。

1-12 キャリアに取り組むときの心構え
③人との出会いを大切に

　スモールステップとして、まずたくさんの人に会うことにしたというアスリートもいました。その方に限らず、多くのアスリートが、キャリアを考えるときに、人との出会いの大切さを経験談として話してくれました。

　おそらく皆さんも、競技生活において、良き指導者であったり、協力者であったり、ライバルであったりと、さまざまな形で競技生活を支える出会いを経験したのではないでしょうか。
　キャリアもまた同じことがいえます。1人になって、自分自身と向き合う時間は大切ですが、同じように、もしかしたらそれ以上に、誰かと話し学ぶことも大切なのではないでしょうか。皆さんの経験していなかったことを経験してきた人の話には、さまざまなヒントが隠されているでしょう。また、人とのつながりから、思わぬキャリアのチャンスが生まれることもあります。

　また、相手にとっても、アスリートとして活躍されてきた皆さんと、その経験やそこから学んだことなどの話を聞くことは、皆さんが思っている以上に、新鮮で興味深いものです。お互いに化学反応を起こしながら、キャリアの可能性を探っていきましょう。

POINT
　人との出会いや縁を大切にしよう。

1-13 〈実例〉広がるアスリートのキャリア
①競技に関わり続ける道
（図表1「A → C」の事例）

　本パートの最後に、実際にアスリートがどのようにキャリアを歩んでいるのか、いくつかの事例を紹介したいと思います。

　アスリートのキャリアと聞いて、皆さんがイメージしやすい進路は、何らかの形で自身の競技に関わり続ける道ではないでしょうか。それはたとえば指導者として後進の育成にあたったり、競技の普及活動に関わることであったりするでしょう。こちらは、**1-2**で説明した図表1で表すと「A → C」のキャリアパスとなります。

　ここで紹介するのは、2012年のロンドンパラリンピックにおける女子ゴールボールの金メダリストの浦田理恵さんです。

　浦田さんは、現在、株式会社アソウ・ヒューマニーセンターが設立した障害者スポーツ選手雇用センター「C's Athlete」（以下、シーズアスリート）に所属しています。シーズアスリートは、パラリンピックでのメダル獲得を目標とするアスリートに対し、現役時代に限ったスポンサーとしてだけではなく、生涯社会人として参画し続けることができる社会をつくることを目的とした組織です。企業や個人が会費を出し合って雇用の場を作り、選手の活動を支援しています。

　浦田さんはもともと現役時代においてもフルタイムで仕事をしながら競技をしていましたが、合宿に行くときは会社と相談し、特休扱いを認めてもらうなど競技と仕事の両立に苦労していました。そんな状況の中、仕事と競技を両立しないかと、シーズアスリートから声がかかり、「社会人としてのスキルを持ったうえで、世界一を目指す」という理念にも共感して所属することにしました。

午前は仕事、午後は競技の形で1日半々に時間を使い、自分たちでコント
ロールしながらメダルを目指しました。2022年の3月まで現役で競技を続
けたのち、引退後もシーズアスリートに所属し、現在に至るまでシニアアド
バイザーとして日本代表チームへのアドバイザーをしながら、後輩の育成活
動や競技の普及活動に携わっています。

　もう1つ事例として、サッカーJリーグの松本山雅FCの神田文之さんを
紹介します。

　神田さんは、2000年シーズンに自身の地元のチームであるヴァンフォー
レ甲府に入団、その後2001年シーズンに群馬FCフォルトナ（後に群馬FC
ホリコシおよびFCホリコシに名称変更）に移籍し、県リーグ1年、関東リ
ーグ2年、JFL2年を同チームで過ごしました。2005年にサッカー選手とし
てのキャリアを終えようと決意したタイミングで当時北信越の2部リーグの
松本山雅FCから声がかかり、移籍して3か月間競技活動を続けました。群
馬FCフォルトナに在籍していたころから、選手でありながらもグッズ開発
などにも関わるなど、サッカーのことを考えつつも、次のキャリアを意識し
て経験を積んでいたそうです。

　その後、選手としてのいわば過去の栄光を捨てて、サッカーとは異なるま
っさらな業界にチャレンジし、もう一度一流を目指したい、そして人間力を
発揮することができ、扱うモノが大きいところを選びたいとの考えから、東
京都内の不動産会社に中途採用で入社しました。6年間勤務ののち、再び松
本山雅FCから誘いを受け、社員として入社しました。そして、営業部、総
務部長、営業部長兼取締役管理本部長を経て2015年に代表取締役社長に就
任しました（2024年12月時点は取締役）。

　神田さんは現在においても、アスリートのセカンドキャリアについて考え
ており、アスリートたちが現役時代以上の成功体験を積めるような場を提供
したいと考え、実際に株式会社松本山雅においては、多くの元選手をマネジ
メント層に迎えています。

【株式会社松本山雅で働く元選手】（2024年12月時点）

小澤修一さん　代表取締役社長

鐵戸裕史さん　総務部長兼育成部長

片山真人さん　メディアプロモーション担当

飯田真輝さん　トップチーム強化本部強化担当

小林陽介さん　松本山雅レディース監督

阿部琢久哉さん　飲食事業プロジェクト店舗マネージャー

今井昌太さん　NPO法人スポーツクラブ担当（NPO法人理事）

この他、田中隼磨さん（元エグゼクティブアドバイザー（2024年12月時点では退職））、山本真希さん（元U-15監督（2024年12月時点では清水エスパルスU-18コーチ））、須藤右介さん（元U-15コーチ）（2024年12月時点ではギラヴァンツ北九州コーチ）など、多くの元選手が活躍しています。

神田さんは元アスリートとして、今のアスリートに次のようなメッセージを贈ってくれました。

　まずはアスリートとして、人間として、目の前のことを深く探求・追求してください。チャレンジできる方ならどこに行っても活躍できます。狭く深くでも、幅広い視点ででも、今しかできない探求を続けていけば、その経験が必ず次につながります。アスリートの強い探求心、個性は必ず社会でも生かせると思っています。自分を信じる力、自信があるから、何かがあってもアスリートは腰をすえて頑張れるし、継続力もアスリートの強みです。スポーツは勝ち負け、得失点など、結果が明らかになります。その経験から失敗にも耐えられるメンタルが鍛えられるので、たいていのことを恐れずに乗り越えられます。チャレンジできないことが一番良くないこと、失敗はチャレンジした結果なので問題ありません。

なお、現実には、この進路に実際に進むことができるアスリートはごく一部に限られるのが実情であり、収入についてもその道だけで十分に得ることができる人となるとさらに限られてくるかと思います。競技人口も多く普及の進んでいる競技では、一定規模の需要がありますが、すでに多くの先輩アスリートが引退後にそのポストでのキャリアを積んでおり、ポストが空いていないというケースが多くみられます。

　また、競技によってはポストの数自体が限られており、なかなかそのポストにつくことができないということもあります。それでも、いろいろな形でそのキャリアを進むことは１つの選択肢であることは間違いありません。

1-14 〈実例〉広がるアスリートのキャリア
②新しい分野で活躍する道
（図表1「A → D」の事例）

　次に、**1-2**で説明した図表1で表すと「A → D」のキャリアパスの実例を紹介します。

　打ち込んだ競技とは関係性はなく新しい道に進まれているのは、株式会社バンダイのアパレル事業部に所属している、2018年平昌オリンピックアイスホッケー女子日本代表の中村亜実さんです。

　当時の女子アイスホッケーは、長野オリンピックまではオリンピックへの出場回数が少なく、認知度がそれほど高くなかったこともあり、選手も企業で正社員としては働けず、アルバイトをかけ持ちする人が多かったそうです。また、選手権に出場する場合には2週間ほど働けないことになり、そのことを会社に理解してもらって競技ができていた選手は少なかったそうです。そしてアイスホッケーはハードなスポーツであることもあり、24、5歳くらいで引退する人も多かったそうです。

　中村さんも、日本代表になってからも焼き鳥屋でアルバイトしたり、両親に金銭面を含め、サポートをしてもらいながらの競技生活を送っていました。その後日本オリンピック委員会（JOC）の「アスナビ」を通じて、株式会社バンダイに入社し、アパレル事業部に所属され、アンパンマンミュージアムで子供服の販売の仕事をしていました。アイスホッケーの練習が始まる前まで働いてから出勤する日々を送り、会社の理解を得て遠征にも行かせてもらっていました。オリンピックの時期は1か月ほど勤務ができませんでしたが、固定給は変わらず出ていたそうです。現役を引退してからは、株式会社バンダイナムコホールディングスの人事部で勤務しています。

　中村さんのお話では、アスナビを通じて大手企業に就職されるアスリート

は多いそうです。中村さんもオリンピック出場をきっかけに JOC のサポートを得たそうです。中村さん自身はオリンピックに出場するまではそのこと自体にそれほど付加価値があるとは思わなかったそうですが、メディアに取り上げられたり、スポンサーが増えたり、強化に向けてサポートが得られたりと、結果的にはその付加価値を実感されたそうです。

　「アスリートのキャリアに関する実態調査」によれば、ビジネスパーソンに対する、「あなたは、アスリートが会社勤務をする際に、どういった部門だと、よりスキルを発揮できると思いますか。」という質問に対する回答として、営業・販売（34.7％）、広報（26.7％）、総務・人事（13.6％）が多くなっています。このあたりはイメージ通りかもしれませんが、一方で、それ以外の部門についても幅広く回答があることから、むしろアスリートが活躍できる場はこの 3 つの部門に限られない、ということがうかがえます。
　このように、アスリートが歩む進路には多様な道があります。それはアスリートの確かな能力を社会が認めているからともいえます。中村さんのように、これまでとは違う新たなステージで活躍するアスリートはますます増えていくのではないでしょうか。

参考文献

キャロル・S・ドゥエック・著、今西康子・訳『マインドセット』草思社、2016 年

参考 Web ページ

独立行政法人 国立青少年教育振興機構（https://www.niye.go.jp/）（2024 年 9 月アクセス）

⊚ Interval

なぜ、高卒元プロ野球選手が公認会計士になれたのか

奥村武博（公認会計士　元プロ野球選手（阪神タイガース））

　私は現在、元プロ野球選手初の公認会計士として、選手のお金やスポーツ団体等の財務・会計のサポート、キャリア形成に関する講演や研修など、現役時代よりも広く深く多様な形でスポーツに関わる機会をいただいています。

「野球しかしてこなかったから、野球しかできない」

　現役を引退した直後は、このような考えから自分の進むべき道を見失い、不安と焦燥感に駆られ、将来どうやって生きていけばよいかもわかりませんでした。そんな自分が、なぜ公認会計士となり再びスポーツに関われるようになったのか。そこには、引退後の公認会計士試験の受験勉強で得た"気づき"があります。それは、私が今デュアルキャリアを提唱する原体験といえます。

　1998年、私は岐阜県立土岐商業高校を卒業し、ドラフト6位で阪神タイガースに投手として入団しました。幼いころから憧れていたプロ野球選手になることができました。しかし、怪我等もありわずか4年で戦力外通告を受け引退。あっさりとプロ野球選手人生に幕を閉じました。

　当時は引退後に飲食業へと進むプロ野球選手が多かったこともあり、当然のように自分も引退後は飲食業界へと進みました。今考えると少ない選択肢から安易にキャリアを選択してしまったと思います。

　飲食業界へ飛び込んで痛感したのは、いかに自分が社会経験が乏しく世間知らずだったのかということでした。思うようにいかない毎日が、自分には何もないという無力感を強くしていきました。加えて古巣が自分を追いつめる。それまで万年最下位だったタイガースが2003年に18年ぶりにセ・リーグを制覇し、立て続けに2005年もリーグ制覇と常勝軍団へと変貌したのです。そんなタイガースの中心選手として大活躍をしていたのが、私と同じく高卒でドラフト同期入団の井川慶でした。同じスタートラインに立っていたはずの彼の連日の活躍のニュースに、自分は何者なのかを見失い、自分だけが取り残された

ような焦燥感、将来への不安ばかりを募らせていくばかりでした。

「もがき苦しんだ時間は無駄ではない」

　そんな暗黒時代に出会ったある1冊の本が人生を変える転機となりました。日に日に焦燥感を募らせ少ない選択肢の中でもがく私に、まずは選択肢を広げるべき。そうすれば何か自分に合う仕事が見つかるのでは。そんなアドバイスの意味を込めて手渡された「資格ガイド」でした。その中で私が選んだのが『公認会計士』という職業でした。

　簿記の知識を活かしてビジネスのスペシャリストとして活躍できるという業務内容に、単純にかっこいい！　という興味が湧いたことに加え、"簿記"というキーワードが、自分の商業高校での簿記の学習経験を思い起こさせてくれたのです。野球以外に何もないと思っていた自分と公認会計士をつなぐ共通点に運命的なものを感じ、迷わず受験を決意しました。

　とはいえ、3大国家資格の1つで合格率は10%を下回る難関資格です。現役時代に長時間机に向かう習慣もなく、すぐに集中力が切れて勉強から逃げ出してしまう。フルタイムで働きながらの受験ということもあり、受験勉強は思うように進みません。最終的に試験合格までに9年を要しました。長く苦しいものでしたが、その期間は決して無駄ではありませんでした。もがき苦しみ試行錯誤した受験生活の中で、現在のデュアルキャリア提唱の原体験となる画期的な"気づき"を得られたのです。

「野球も勉強も本質は同じ」

　9年の歳月を費やした受験期間の中で得た"気づき"とはどのようなものか。それは、スポーツと受験勉強の本質的な部分は共通する点が非常に多いということです。この気づきにより、それまで野球とはまったく縁遠い世界だと感じ抵抗感しかなかった受験勉強が、急に身近なものに感じられ勉強がとても楽しいものに変わりました。野球を始めた子どものころのように勉強に夢中になれたことで飛躍的に成績が上昇し、合格を掴み取ることができたのです。

　スポーツと受験勉強との本質的な共通点とは何なのか。それは、目標から逆

算して今やるべきことを考え、トライ＆エラーを繰り返しながら自らを成長させるプロセスにあると私は考えます。スポーツ選手は、「もっとうまくなりたい」「勝つためにはどうすればよいか」という単純な欲求を満たすため、試合や練習で課題を発見し、それを解決するためにはどうすればよいかを試行錯誤しながらトレーニングを行うことで、日々自分を成長させていきます。

　受験勉強も同じです。合格するという目標を達成するため、模試等で明らかになった自分の課題を解消するために復習するというサイクルを繰り返して自分を成長させていく。そしてこれは受験勉強に限らず、仕事をするうえでもまったく同じです。

　このように、スポーツ選手は日々のスポーツに取り組む過程で、引退後に必要な基本的な考え方を当たり前のように行っているのです。これこそがスポーツから得られる学びであり、スポーツをする本当の価値だといえます。

　スポーツ選手は現役引退まで多くの時間をスポーツに投資しており、勉強をはじめ他の経験に投資する時間は多くありません。そのためそうでない人と比べて経験値や知識が乏しいのは致し方ないことだと思います。しかし、それが同時にスポーツ以外のことができないということを示しているわけではありません。スポーツ選手は、スポーツを通じて社会で活躍するために必要なスキルを高いレベルで身につけているのです。

「スポーツへの恩返し」

　「スポーツしかしてこなかったから、スポーツしかできない」と考え、自分で自分の可能性を閉ざすのではなく、自らのスポーツ経験を価値と捉え、それをどうやって次のキャリアに活かしていくのか。そう考えられるようになるだけで引退後のキャリア形成に対する不安は減り、活躍の可能性は大きく広がるはずです。

　現役を引退した選手がスポーツで得た学びを活かし、多様なキャリアで活躍する事例が増えていくことが、スポーツの価値をさらに高めることにつながります。それこそが、先に引退したスポーツ選手のスポーツ界への貢献であり、恩返しといえるのではないか、そんな思いを胸に今でも机に向かっています。

Part 2

キャリアにおける
アスリートの強み

Summary

　Part 2 ではキャリアに取り組むときに生かすことのできる、アスリートが持つ強みについて考えてみましょう。

　まずは、キャリアにおいて求められるスキルについて、3 つの階層に分けて整理します。

　そして、3 つの階層のうち、特に土台となる階層に着目し、アスリートが持つ強みについて掘り下げて考えていきます。具体的には、7 つの強みを列挙します。

　最後に、議論を深めるために、経済産業省が示している「社会人基礎力」を切り口にして、さらにアスリートの強みを考えます。

　Part 2 を読むことで、アスリートだからこそ持ちえる強みに気づき、より前向きにキャリアに取り組めるようになるでしょう。

2-1 キャリアにおいて求められるスキルとは

「ビジネスパーソンに必要なスキル」などと検索すると、本当にさまざまなスキルが出てきます。あまりの多さに途方に暮れてしまうかもしれません。しかし、焦る必要はありません。それらのスキルは、ビジネスパーソンとして長年キャリアを積んできた筆者も、すべて身につけることはとてもできません。自身のキャリアに必要なものを、着実に身につけていけばいいのです。

それでは、まず、全体像をイメージがしやすいようにシンプルに整理してみましょう。「ビジネスパーソンに必要なスキル」を以下のように3つに分けて整理してみました。

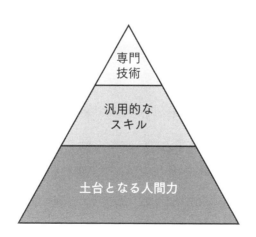

一番上の「専門技術」をスポーツでたとえるならば、その競技において特に必要なスキルです。たとえば、サッカーでは、ゴールキーパーのキャッチング、フォワードの強いシュートを打つスキル、ミッドフィルダーの狭いスペースの中でボールをキープするスキル、ディフェンダーが１対１で抜かれないスキルなどが挙げられます。

　ビジネスに置き換えると、特定のビジネスにおいてその業種だからこそ求められる専門性の高いスキルになります。公認会計士である筆者にとっては、会計や監査の専門知識が該当します。

　真ん中の「汎用的なスキル」は、スポーツに広く生かされるスキルです。走る、投げる、蹴る、道具を操る能力、さらには、筋力、持久力、瞬発力、反射神経、バランス感覚、リズム感、動体視力、判断力など、競技によって程度は違えども、スポーツをやるうえでは大事な要素となります。

　ビジネスに置き換えると、ビジネスマナー、話し方、英語などの語学力、パソコンを使うスキル、時間管理など、ビジネスに携わるうえで広く役に立つスキルになります。これらは必ずしもすべてを兼ね備える必要はなく、選ぶビジネスの内容に応じて重視されるレベルや程度は異なりますが、幅広い業種で生かされます。

　一番下の「土台となる人間力」は、スポーツでたとえると、選手としての資質が問われるところであり、文字通り競技全般にわたってアスリートを支えます。たとえば、意欲的な姿勢、集中力、夢中になる力、セルフ・コントロール、他者へのリスペクトや謙虚さ、柔軟性や理解力の高さ、行動力などです。これらがトレーニングの質や試合でのパフォーマンスを大きく左右することをアスリートはよく知っているのではないでしょうか。

　ビジネスでも同様で、ビジネスにおける成功を下支えする能力であり、「汎用的なスキル」や「専門知識」を身につけたり、発揮したりする際に、その効果を左右することになります。

あくまで一部となりますが、参考までに「ビジネスマンに必要なスキル」を次のように例示しました。

図表3　ビジネスパーソンに必要な知識

	説明	例示
専門技術	特定のビジネスにおいてその業種だからこそ求められる専門性の高いスキル	・弁護士の法律知識 ・システムエンジニアのプログラミング能力 ・業界の専門知識
汎用的なスキル	幅広い業種で生かされるスキル	・パソコンスキル ・プレゼンスキル ・チームマネジメント ・語学力
土台となる人間力	上位層のスキルを会得したり、発揮したりする際にその効果を左右するスキル	・自己管理力 ・学ぶ意欲 ・コミュニケーション能力

　繰り返しになりますが、それぞれの業種や職種によって、求められるスキルは異なりますので、これらのスキルをすべて身につけなければいけないと身構える必要はありません。

　また、身につけるうえでの順番も無理に決める必要はありません。下から積み上げていかなければ上のスキルが身につかないということはなく、専門技術を磨いているうちに汎用的なスキルが身につくこともありますし、逆も然りです。走り込んで体力をつけなければ、ボールに触った練習をしてはいけないわけではなく、ボールを使ってゲームをしているうちに体力がつくということと同じです。

　アスリートが日々のトレーニングでこれらのスキルを磨き上げているのと同様に、ビジネスパーソンはこれらの3つの階層のスキルを日々の業務を通じて磨いているのです。

> **POINT**
>
> ビジネスマンとして必要なスキルは、3つの階層「専門技術」「汎用的なスキル」「土台となる人間力」に分けると整理しやすい。

2-2 キャリアにおいて アスリートが持っている強み

　さて、この３つの階層のスキルですが、実は多くの企業が人材の採用において期待し、重視しているのは「土台となる人間力」です。ビジネスパーソンにとって重要でありながら、なかなか鍛えるのが難しいのもこの「土台となる人間力」です。

　一方で、採用される側は、より直接的に表れる「語学力」「パソコンスキル」「業界の専門知識」など、より上位の階層の「汎用的なビジネススキル」や「専門技術」を意識し、資格取得などに励んできました。

　その結果、両者のギャップはなかなか埋まらずに残されています。

　この点、アスリートは、競技生活を通じて、この「土台となる人間力」が鍛えられています。そこにアスリートのビジネスパーソンとしての強みがあります。確かな土台があるからこそ、あとは目指すキャリアの中で必要な技術やスキルを取捨選択して上乗せしていくことを意識すればいいのです。これは、キャリアを歩むうえで大きなアドバンテージになります。

　実際、人事担当者や会社の役員に話を聞くと、「アスリート出身者は仕事の飲み込みが早い」「一緒に働く周囲の人にポジティブな影響を与えるパワーがある」などという評価をよく耳にします。当の本人は自覚していなくても、周囲はその優れた能力を評価しています。

　日本では、以前より就職活動において部活動で活躍した学生を、いわゆる体育会系人材として好んで採用するという慣例がありました。いろいろな考え方があるとは思いますが、「土台となる人間力」の高い学生を採用し、上乗せするスキルは会社に入ってから身につければいい、というアプローチに

よって、多くの成功事例があったのだとうかがえます。

　社会がより複雑になる中で、体育会系人材という言葉もなくなりつつあり、アスリートは「スポーツしかやってこなかったから、スポーツをとったら何も残らない」と不安な気持ちになることもあるかと思います。
　しかし、その不安も、裏を返せばそのスポーツにそれほどの情熱をかけて、必死に取り組んできたことの証でもあります。この言葉を言えるということは、この先のキャリアにおいても確かな強みを持っている証です。
　アスリートが競技生活を通じて身につけていたスキルは、次のキャリアにおいても無駄にはならない、むしろ強みになります。アスリートがそのことをもっと自覚できれば、キャリアを取り組む際の不安や恐れは薄れ、むしろ、自信を持って、前向きに取り組めるのではないでしょうか。

　それでは、「土台となる人間力」に着目して、アスリートの強みについてより詳しくみていきましょう。

POINT

アスリートは、競技生活を通じて鍛えてきた「土台となる人間力」に自信を持とう。

2-3 アスリートの強み
①セルフ・コントロール

　アスリートは、厳しい勝負の世界に身を置いて勝利を目指して競技に取り組む中で、自分自身と向き合い、自分との戦いを勝ち抜いてきています。

　この戦いは、時には、練習で手を抜きたい、さぼりたいという気持ちに負けないということだけではありません。アスリートは、ベストパフォーマンスを発揮するために、モチベーションを高める方法、体調管理の方法、本番にピークを持っていく調整など、高い意識を持って追求しています。

　言い換えると、自分との向き合い方、自分を管理する方法をよく知っているのです。ビジネスにおいても日頃の体調やメンタルの管理、大事な場面での緊張や不安など、自分との戦いが続きます。そこで自分を律し、ポジティブに、強い気持ちで向き合うことができれば、良い仕事ができます。

　自己管理に長年取り組んできた経験があるということは、ビジネスパーソンとしてキャリアを形成していうくえでも大きなプラスになるでしょう。

POINT

　アスリートは、ビジネスでも成功を左右するセルフ・コントロールに長けている。

2-4 アスリートの強み
②推進力

　アスリートは競技生活の中で、高い目標を設定し、それに向かって道筋を描き、スモールステップを積み重ねて前進していく作業を地道に繰り返しています。

　ある大会を目標に定めた場合、自分自身の今の実力や置かれた状況を把握するとともに、目標から逆算して成すべきことを考え、それを日々の練習内容に落とし込みます。目標は高く、それが成し遂げられるかどうかは誰も約束などしてくれません。それでも目標に向かい前に進むのみです。
　もちろん、すべてが予定通りにいくことは少なく、練習内容を見直すこともあります。練習を通じて嬉しい発見があり、目標をもっと高く修正するかもしれません。そのような作業は、アスリートの日常ではないでしょうか。

　この経験は、ビジネスにおいても大きな意味を持ちます。どんなに大きなプロジェクトも、ゴールを設定し、それに向かって一歩一歩進んでいく以外の道はありません。誰かがプロジェクトを前に進めていかなければならないのです。ただ、理屈でわかっていても、実際にゴールに向かって進む道筋を描くことができる人、そしてそれを日々の業務において実践できる人は決して多くありません。
　困難な課題であってもひるむことなく、一緒にゴールを見すえて足を進めてくれる、そんな存在がチームにいるだけでこれほど心強いことはないでしょう。
　アスリートが持つ物事を前に進める推進力は、次のステップでも武器となって、キャリアを支えてくれるでしょう。

> **POINT**
>
> アスリートは、目標に向かって一歩一歩、物事を前に進めていくパワーが強い。

PART 2 キャリアにおけるアスリートの強み

2-5 アスリートの強み
③やり切る力（グリット）

　ビジネスにおいてその重要性が改めて注目されている能力に、「グリット（GRIT）」があります。日本語では、粘る力、最後までやり切る力と言われることが多いようです。ビジネスパーソンの成功の秘訣として挙げられることも多いです。

　グリットという言葉自体はアメリカで提唱された言葉ですが、日本では以前から、「石の上にも三年」、「桃栗三年柿八年」というように、何かに根気強く取り組むことを応援する文化がありました。困難なことでも立ち向かい、失敗をしても諦めずに試行錯誤を繰り返し、最後までやり遂げる、ビジネスでも必要な能力です。

　私たちの社会は便利になり技術の進歩もめまぐるしいですが、その一方で環境問題や少子化、経済格差といった社会課題は非常に複雑で、どれも一筋縄では解決できません。こうした問題に向き合い、じっくりと腰をすえて取り組むために、今こそグリットが求められているといえます。
　この点について、これ以上多くを語る必要はないでしょう。まさにアスリートが競技生活を通じて体現してきたことを再び発揮するチャンスではないでしょうか。

POINT
成功と失敗を繰り返し、試行錯誤しながら最後までやり切る能力の高さはアスリートの真骨頂。

2-6 アスリートの強み
④耐える力（レジリエンス）

　もう1つ最近ビジネス界でも聞くようになった言葉に、「レジリエンス」があります。いろいろな説明がありますが、ここでは耐える力としておきます。

　社会は非常に複雑です。より多くの人が関係すればするほど、それぞれの立場からの考えや主張があります。自分の中では1つの筋が通っていても、それがすべてではなく、いくつもの筋の通った話が重なり合い、調整し合って1つの形を成していきます。単純に部分最適を積み重ねると全体最適ができるわけではなく、全体最適を目指す過程では、優先順位をつけたり、ある部分を犠牲にしたりすることもあるでしょう。

　アスリートが取り組む競技も同様です。たとえば「速く走る」ために、一番速い人の真似をすれば速くなるわけではありません。また、走り方を1つ変えれば、他のバランスを崩してしまうこともあります。その人に合う方法を探して根気よく取り組む必要があります。

　また、社会が複雑になればなるほど、全体最適を目指す過程をすべて理解し把握することはできません。木を見れば森全体は見えませんし、森全体を見れば一本一本の木は見えません。ましてや、一枚一枚の葉は見えません。
　そうすると、1人の人間にとっては理不尽の連続のように感じます。自分が正しいと思っていても、それだけでは動きません。時には自分がおかしいと感じることでも、目標を達成するためには受け入れる必要があるときもあるでしょう。このようなプロセスを踏むことは、時に非常にストレスを感じます。

人間関係も同じで、時には自分の考えや感性からは、理解しがたい上司や同僚がいるかもしれません。まったく理不尽な要求をするクライアントがいるかもしれません。多くのビジネスパーソンはこうした（少なくとも本人にとって）理不尽と思われることに、ストレスを溜めこんでしまいます。

　この点、アスリートはストレス耐性、理不尽耐性が強いと考えられます。努力しても必ず勝てるわけではない、自分には落ち度がなくても試合に負ける、注意していたのに大事な大会の前に怪我をする、競技生活の中で、程度は違えどもさまざまな理不尽を経験しています。
　時にはスポーツ界の悪しき慣行と言われるようなことに直面し耐えてきた経験もあるかもしれません。その経験は無駄ではありません。次のステップで強みとして生かしていきましょう。

POINT
アスリートは、ストレスや理不尽に耐える力が強い。

2-7 アスリートの強み
⑤チームワーク

　多くのアスリートはチームプレーの大切さを知っているのではないでしょうか。時に失敗もし、学んだことも多いのではないでしょうか。

　チームプレーはチームスポーツに限りません。個人スポーツであっても、アスリートを支える人たちがいわばチームとなって勝利を目指します。また、良きライバルの存在も皆さんを成長させてきたのではないでしょうか。多くの人との関わり合いの中で、自分自身やチームの成長を追求してきたことと思います。

　ビジネスにおいても、チームワークは重要です。1人でできることは限られています。組織やチームの中で、自分自身には何を求められているのか、どんな強みを発揮すれば貢献できるのか、また、チームメンバーの良さをどのように生かしたらいいのか、リーダーとなってチームをリードするとはどういうことか、さまざまなことを考えながら、行動していきます。

　アスリートの競技生活での学びから得たコミュニケーション能力は、ビジネス界においても強みとなって生きてくるはずです。

POINT

チームワークの中で発揮されるコミュニケーション能力の高さは、キャリアにおける強みになる。

2-8 アスリートの強み
⑥包容力

　アスリートはスポーツを通じて多様な人と出会っているのではないでしょうか。身近なところでいえば、普段学校の教室では仲良くなりそうもなかったクラスメイトや他の学校の生徒と、同じスポーツクラブでチームメイトになったり対戦してライバルになったり、さらには遠征では地元を離れ、人によっては日本を離れ、多様な文化を体験したりしているのではないでしょうか。

　また、チームでは個性豊かなそれぞれの強みを生かして、一丸となって勝利を目指します。同じではなく、違うこと、そして違う者同士が力を合わせると大きな力になることを、身をもって知っています。

　私たちの社会は今、多様性（Diversity）、公平性（Equity）、包括性（Inclusiveness）に取り組んでいます。企業でいえば、多様な人材が所属し、それぞれの強みや能力を最大限に発揮できる公平な環境の中で、お互いの良さを高め合い、より良いものを生み出すことを指します。

　これらの取り組みにおいては、スポーツを例に語られることも多くあります。異なる個性を生かし合うラグビーなどはわかりやすい例です。体が大きい、走るのが速い、判断力が優れているなど、さまざまな特性を持つプレーヤーが、勝利という1つの目標を共有し、その能力を発揮し合ってお互いを高めることで、最強のチームになっていきます。また、スポーツ界ではジェンダーや障がい者など、いち早くさまざまな議論が行われてきました。

　スポーツを通じて、多様性、公平性、包括性について、自然と体験を積み重ねているだろう多くのアスリートには、この分野についての確かな土壌が

あると考えられます。

> **POINT**
>
> 社会課題とされる多様性（Diversity）、公平性（Equity）、包括性（Inclusiveness）について、アスリートは競技生活を通じて、多くの経験を積んでいる。

2-9 アスリートの強み
⑦説得力／プレゼン力

　多くのアスリートと会話している中で気づいた特性があります。それは、言葉に力があるということです。表現が豊かで、説得力があり、背中を押されるようなパワーがあります。たとえば、パラアスリートの富田宇宙選手（東京2020パラリンピック、パリパラリンピック　競泳日本代表）と話していると、言葉への研ぎ澄まされた感性に驚かされます。

　以下は、"プロフェッショナルとは何か"というテーマで対談した際の富田選手の言葉です。

　僕は単なる水泳選手ではなく、社会に対するメッセージを発信する役割を担って、何かしらポジティブな影響を社会に与えたいと考えて常に活動しています。競技を通じて感じたこと、得たことを、社会の変化のきっかけとなるような形にして発信する、そうすることで社会の価値観や人々の行動が変わることに役に立てないかと追求し続けています。

　僕は、採用や面接といった人から試される場面では、「自分の強み」というワードを意識します。この場合の強みというのは、自分の得意なことやアドバンテージとかではなく、自分の中にある「濃い部分」を指します。「濃い部分」というのは、他の人にはない、自分だけの特徴的な部分です。

　たとえば、僕の場合であれば目が見えないことです。目が見える皆さ

んは、パラリンピックには出られない。僕は目が見えないという「濃い部分」があるから、パラリンピックに出ることができて、メダルも獲得し、社会的な活動ができるわけです。

皆さんもそれぞれ社会に出ていくときに、自分の身体的、精神的な特徴をよく分析して、それが生かせたりポジティブな面で活用できたりするフィールドを探せば活躍できる場所が必ず見つかるはずです。

「濃い部分」というキーワードなどの言葉選びが秀逸です。筆者は、アスリートは、日頃から目標を設定し、自問自答し、挑戦と調整を繰り返しているからこそ、独自の言葉を持っており、またそれをストーリーとして語ることが得意なのではないかと思っています。

そして何より、アスリートは頭で考えたことだけでなく、実際の体験に基づいて話すことができるため、発せられる言葉に重みがあります。

ビジネスにおいて言葉はとても重要です。相談、提案、交渉、議論、どのような場面でも言葉がビジネスを大きく左右します。自分の思いを言葉によって相手の心に届け、その心を動かすことができるか、多くのビジネス上の意思決定もまた、最後はそこにかかってきます。

経験に基づくストーリーテラーであるアスリートは、ビジネス界においてもその能力をいかんなく発揮するのではないでしょうか。

POINT

アスリートは人の心を動かすストーリーテラーであり、ビジネスを動かす力を持っている。

ここまで、「土台となる人間力」に着目して、アスリートが持つ強みについてみてきました。
　アスリートがキャリアに生かすことができる強みは、決してこれだけではありません。また、アスリートだからといって、これらの強みをすべて兼ね備える必要もありません。
　これらを参考にして、自身がこれまでの競技生活を通じて何を意識して取り組んできたのか、これから何を身につけることができるのか、そして、何が強みとなり得るのか、一度立ち止まって考えてみることが、次のキャリアにつながります。

　また、自身の評価と他者から見た評価は、いい意味でギャップがあることはよくあることです。ぜひアスリート同士であったり、異業種の方であったり、さまざまな人に、自身のこと、強みのことについて聞いてみることをおすすめします。おそらく、自身について気づかなかったような、多くの気づきを得られるのではないでしょうか。

2-10 「社会人基礎力」から強みについて考える ①「前に踏み出す力」

次に、「社会人基礎力」に基づいて、アスリートの強みを考えます。

「社会人基礎力」は、経済産業省が2006年に提示したもので、職場や地域社会で多様な人々が仕事をしていくために必要な基礎的な力を、3つの能力・12の能力要素として定義したものになります。以下では、それらの内容を紹介しつつ、アスリートの強みについて考えたいと思います。

1つ目の「前に踏み出す力」は、「一歩前に踏み出し、失敗しても粘り強く取り組む力」を指します。それによって、指示待ちにならず、一人称（自分自身の視点）で物事を捉え、自ら行動できるようになることが期待されます。推進力、突破力、と言い換えてもいいのかもしれません。

複雑化が進む社会では、これまでのように指示を忠実にこなすだけの人材や、不平不満を言って他者やその環境を非難するだけの人材は、それほど評価されないでしょう。与えられた環境、置かれた状況の中で、自分ができることを自ら考えて行動に移し、周囲の協力を得て協調しながら問題を改善・解決することが重要となります。

そこで、「前に踏み出す力」をつくる要素として、まず挙げられたのが「主体性」です。「世界を変えたければ自分を変えなさい」という言葉がありますが、問題や課題を自分事として捉えて打破しようと自ら動ける人材は組織にとって貴重です。

日本が欧米を追いかけていた時代は、いわば真似すべき先行事例や正解があったわけですから、それを理解し実行すればよく、「指示待ち」もまた1

つのスキルとして求められていました。しかし、答えがないこの時代においては、勇気を出して前に一歩踏み出す人材が求められます。車はエンジンがなければ前には進めませんが、まさに社会は前に進む力を生み出すエンジンを求めているのです。

　次の要素が「働きかけ力」です。今や1人で解決するには複雑で難しい問題ばかりです。
　これらの問題をクリアするためには、他者に働きかけ、同じ目的を共有し、解決に向けてともに前に進む必要があります。ラグビーで相手が敷くディフェンスラインは、1人で突破できるほど甘いものではありません。パスやモール、さまざまな形で突破する必要があるのです。

　そして、3つ目の要素として「実行力」が挙げられます。これは、文字通り、目的に向かって行動する力であり、試行錯誤を繰り返して最後までやり抜く力も含まれます。考えているだけでは物事は前に進みません。実行してこそ前に進みます。

『前に踏み出す力（Action）』
〜一歩前に踏み出し、失敗しても粘り強く取り組む力〜

主体性 物事に進んで取り組む力
働きかけ力 他人に働きかけ巻き込む力
実行力 目的を設定し確実に行動する力

指示待ちにならず、**一人称で物事を捉え、自ら行動できる**ようになることが求められている。

（経済産業省「『人生100年時代の社会人基礎力』説明資料」より）

58

これらの要素が重なり合うことで、問題の解決に向けて力強く前に進むことができ、仕事を通じて社会により良い影響を及ぼす人材になることができるのです。

　アスリートにとっては、どのように競技に取り組んできたかによって、それぞれの要素の強弱が分かれるかもしれません。同じ指導を受けても、受ける姿勢で「主体性」の強さは変わるでしょう。同じ競技でも周囲との関わり合いを意識して大切にしてきた方は「働きかけ力」も強いでしょう。

　ぜひ、それぞれの構成要素についてご自身の強みを分析してみてはいかがでしょうか。

POINT

複雑化する社会でより一層求められるのは、「前に踏み出す力」であり、厳しいトレーニングを積んできたアスリートの強さが発揮される。

2-11 「社会人基礎力」から 強みについて考える ②「考え抜く力」

2つ目の社会人基礎力は、「考え抜く力」です。

単純に考える力ではなく、考え抜く力という言葉が使われていることにポイントがあるように思います。これは、「疑問を持ち、考え抜く力」と定義され、論理的に答えを出すこと以上に、自ら課題提起し、解決のためのシナリオを描く、自律的な思考力が求められます。

つまり、物事を正しく理論的に考えることも大事ですが、そもそも何が問題なのかを見抜き、それを解決するための道筋を見出し、それによって新しいものを生み出すことを自発的に行う力が求められているといえます。

そのための要素として、まず「課題発見力」があります。これは現状を分析し、目的や課題を明らかにする力とされています。現状で起きていることを見極め、解決すべき問題点をはっきりさせることが、課題解決の第一歩となります。

アスリートは試合を通じて、日頃磨いてきた技能を試し合います。そこで自分に足りなかったものは何か、次にすべきことは何かを考えます。これこそが「課題発見力」の一例です。

次に、「計画力」が要素として求められます。これは、課題の解決に向けたプロセスを明らかにし準備する力とされています。山道がない山の頂上に到達するためには、頂上までの道筋を描く必要があります。

思いつきで練習を始めるアスリートはあまりいないのではないでしょうか。目標を定め、短期、中長期の計画を立てることの重要性は、何よりアスリートの方が無自覚のうちに認識しているのではないかと思います。

最後に、「創造力」が要素として挙げられています。従来のやり方、考え方を同じようにやり続けているだけでは、問題は解決できません。

　新しい解決方法を試行錯誤して生み出す独自性や発想力が求められています。あらゆる競技においても、最初に新しい試みをした人がいて、それに他の選手が追随します。そのどこかで今までにない記録が打ち立てられていきます。

　社会もまた、同じようにブレイクスルーを繰り返しながら前に進んでおり、それを実現する人材が求められています。

『考え抜く力（Thinking）』

〜疑問を持ち、考え抜く力〜

課題発見力
現状を分析し目的や課題を明らかにする力

計画力
課題の解決に向けたプロセスを明らかにし準備する力

創造力
新しい価値を生み出す力

論理的に答えを出すこと以上に、**自ら課題提起し、解決のためのシナリオを描く、自律的な思考力**が求められている。

（経済産業省「『人生100年時代の社会人基礎力』説明資料」より）

　アスリートは競技生活において、目標を持ち、それに向かって努力を積み上げています。その中で、自分自身を分析し、トレーニングを作り上げ、大会に向けて逆算して計画的に取り組むことを、繰り返してきたのではないでしょうか。

　その過程をどのように積み上げてきたか、競技生活をどのように送ってき

たかによって、この「考え抜く力」について思い描くものは異なるかもしれませんが、悩み、考え続けてきた経験は次のキャリアにおいても必ず生きてくるはずです。

> **POINT**
>
> 自ら目標を設定し、達成に向けて計画的に取り組み、工夫を重ねてきたアスリートは、キャリアにおいて武器となる「考え抜く力」を鍛えてきている。

2-12 「社会人基礎力」から強みについて考える③「チームで働く力」

　3つ目の社会人基礎力は、「チームで働く力」です。

　定義は、「多様な人々とともに、目標に向けて協力する力」です。これには、グループ内の協調性だけにとどまらず、多様な人々とつながりや協働を生み出す力が含まれています。

　ここでの要素は多く、自分の意見を伝える「発信力」、相手の意見を聴く「傾聴力」、意見の違いや相手の立場を理解する「柔軟性」、自分と周囲の人々や物事との関係性を理解する「状況把握力」、ルールや約束を守る「規律性」と続き、ストレスの発生源に対応する「ストレスコントロール力」も含まれています。いわば、チームワークと呼んでいるものを分解して代表的な要素を列挙した形です。

　より複雑で大きな問題になるほど、チームで解決することが求められます。このとき、こうした能力を高いレベルで持つメンバーが、チームを牽引していくことになるでしょう。しかし、「チームで働く力」というのは、必ずしも先頭に立って他のメンバーを引っぱっていく力を指しているわけではありませんので留意が必要です。

　そもそもリーダーシップにも、たとえば先頭に立って他のメンバーを引っ張る牽引型と、他のメンバーを支え、背中を押す支援型というように、さまざまなスタイルがあります。また、チームは当然にリーダーだけでは力を発揮しません。それぞれのメンバーに役割があり、各自がそれを自覚し実行することで強いチームが誕生します。

『チームで働く力 (Teamwork)』
〜多様な人々とともに、目標に向けて協力する力〜

発信力 自分の意見をわかりやすく伝える力
傾聴力 相手の意見を丁寧に聴く力
柔軟性 意見の違いや相手の立場を理解する力
情況把握力 自分と周囲の人々や物事との関係性を理解する力
規律性 社会のルールや人との約束を守る力
ストレスコントロール力 ストレスの発生源に対応する力

グループ内の協調性だけに留まらず、
多様な人々との繋がりや協働を生み出す力が求められている。

（経済産業省「『人生100年時代の社会人基礎力』説明資料」より）

　チームの中における自分自身のポジションを見極めて、周囲を生かしながら、自分を生かしてもらいながら、ゴールを目指していくことは、社会でも共通しています。

　アスリートの方には想像しやすいテーマかもしれません。団体競技であればなおさらですし、個人競技であっても、1人ではなくチームで取り組んできたのではないでしょうか。

　実際、一般企業においても、スポーツをたとえ話にして説明しようとするケースはよく見られます。チームで取り組んできた経験を豊富に持つアスリートは、ビジネスの世界においてもその能力をいかんなく発揮できるのではないでしょうか。

> POINT
>
> チームワークが大事なのはスポーツだけではない。
> 人を生かし自分を生かすことを追求してきたアスリートは、
> 「チームで働く力」が強みとなる。

PART 2 キャリアにおけるアスリートの強み

2-13 社会はアスリート人材を求めている

　最後にもう1つ、経済産業省が2021年に公表した「未来人材ビジョン」の内容を紹介したいと思います。
　「未来人材ビジョン」とは、デジタル技術が進む一方で、日本の労働人口は減少するこれからの時代に、必要となる具体的な能力やスキルを示し、今働いている社会人、これから働き手になる学生、教育機関など、多くの人に伝えることで、未来を支える人材の方向性を明確にし、関係者の議論を喚起しようとするものです。

　このレポートを作成した「未来人材会議」には、企業のCEOや大学教授などが参加し、さらに大企業の社長や役員の方を招いて「これから求められる人材像」についてヒアリングを実施しています。
　それらの結果をまとめたのが「未来人材ビジョン」ですが、その中には以下のような記載が含まれています。

　「これからの時代に必要となる能力やスキルは、基礎能力や高度な専門知識だけではないことがわかった。」

　「次の社会を形づくる若い世代に対しては、『常識や前提にとらわれず、ゼロからイチを生み出す能力』『夢中を手放さず1つのことを掘り下げていく姿勢』『グローバルな社会課題を解決する意欲』『多様性を受容し他者と協働する能力』といった、根源的な意識・行動面に至る能力や姿勢が求められる。」

「現在は『注意深さ・ミスがないこと』、『責任感・まじめさ』が重視されるが、将来は『問題発見力』、『的確な予測』、『革新性』が一層求められる。」

　「新たな未来を牽引する人材が求められる。それは、好きなことにのめり込んで豊かな発想や専門性を身につけ、多様な他者と協働しながら、新たな価値やビジョンを創造し、社会課題や生活課題に『新しい解』を生み出せる人材である。そうした人材は、『育てられる』のではなく、ある一定の環境の中で『自ら育つ』という視点が重要となる。」

　いかがでしょうか。こうしたレポートを見れば見るほどに、社会が今皆さんのようなアスリート人材を欲しているというのが伝わるのではないでしょうか。

　そして、実際に企業も、アスリートを役員に抜てきしたり、アスリートのセカンドキャリア採用を積極的に行ったりする動きが活発になっています。
　アスリートのキャリアは今後ますます多様で開かれたものになっていくことは間違いありません。ぜひ、皆さんのアスリートの経験を、キャリアにおいて積極的に生かして、社会をより活性化してほしいと思います。

POINT

　これからの社会は、アスリート人材の活躍を期待しており、その可能性は広がっている。

> 参考 Web ページ

経済産業省「『人生100年時代の社会人基礎力』説明資料」(https://www.meti.go.jp/policy/kisoryoku/index.html)(2024年12月アクセス)

経済産業省「未来人材ビジョン（令和4年5月）」(https://www.meti.go.jp/press/2022/05/20220531001/20220531001-1.pdf)(2024年5月アクセス)

イオンモール株式会社 (https://www.aeonmall.com/news/index/12873/)(2024年10月アクセス)

Interval

スポーツの経験から得られる社会人基礎力
〜アンケート調査の結果から〜

　私たちEYは、公認会計士、税理士、コンサルタントなど、さまざまなプロフェッショナルが集まり、それぞれの得意分野で活躍しています。そのEYの中で、スポーツとビジネスの関係性について問うアンケートを行いました。

　学生のころなどに真剣に取り組んでいたスポーツがあったかを質問したうえで、本文でも紹介しました社会人基礎力について5段階で自己採点してもらいました。アンケートへの回答数は165人で、すべて匿名で行いました。その結果が、以下になります。

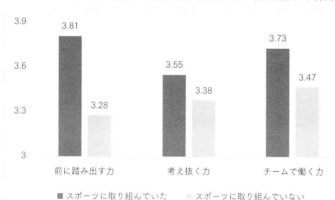

スポーツへの取り組み経験の有無と社会人基礎力の自己評価の関係性

　いずれも、スポーツに取り組んでいた人の回答の平均値が取り組んでいない人の平均値を上回りました。事実はどうであれ、スポーツに取り組んだ経験が、自分の社会人基礎力に自信をもたらしていることがわかります。

また、アンケートでは自由記載欄を設け、スポーツの経験が社会人基礎力にどのように生かされていると考えているかを回答してもらいました。そこでのコメントをいくつか紹介します。

　「現状を分析し、課題を見つけ、試行錯誤しながら、諦めることなく根気よく取り組む粘り強さは、スポーツを通じて得たもの」

　「目標を設定し、達成するためにはどのようなタスクが必要なのかを考え、それを実行する力がついた」

　「挫折しても這い上がる経験をしたことで、失敗しても次は改善しようと自分で工夫をする習慣が身についた」

　「競技中は自己による判断と行動が求められたため、主体性が身についた」

　「スポーツに取り組む際、自ずと能動的に活動することが求められるとともに、自分の行動を律することを学んだ。それが、結果的には社会人基礎力を養うことにもつながっている。」

　「並大抵のことではへこたれない精神力が今でも生かされている」

　「チーム作業や上下関係に慣れている。また、個人の利益よりもチームに貢献することに喜びを感じるようになり、それは今でも変わらない。」

　「諦めずに練習を継続し続ける力、観客により伝わるかを考える表現力や想像力、想定外のことがあっても次のアクションを考える瞬発力、仲間と一緒に1つの作品を作るチームワークなど、現在の仕事に生かされている。」

> 「チーム目標を共有してみんなが同じ方向を向くことの重要性を学んだ」
>
> 「組織/チームの中での自分の役割を探し出して、それを全うすることの大事さを学んだ」
>
> 「自分を支えてくれる人たちへの感謝や礼儀」
>
> 「組織に属して理不尽なことも含めて経験することは、社会人としての基礎力やリーダーシップケーパビリティを養成していくうえで一定の効果がある」

いずれのコメントからも、プロフェッショナルとして働いている多くのメンバーが、スポーツを通じて学んだことが今の業務にも生かされていることを実感していることが伝わってきます。

Part 3
キャリアを考えるステップ

Summary

　Part 3 では、キャリアを考えるためのステップを紹介します。

　スポーツにおいても、勝つためには、敵を知り、己を知り、そして作戦を立てるという 3 つのステップがあると思います。キャリアを考える際も同じアプローチで行きましょう。

　具体的には以下の 3 つです。

・どのような仕事があるのかを知る
・自分自身を知る
・自分のキャリアを考える

　これらのステップは必ずしも上から順番に進めていく必要はありません。取り組みやすいところからスタートして、それぞれを行ったり来たりしながら進めていければよいと思います。

　そのプロセスを通じて、自分自身で考え、仲間と語り合い、人からの助言を聞き、時には一度考えたことに戻って考え直し、調整を繰り返しながら進めていきます。この点も、スポーツのトレーニングのプロセスによく似ているかもしれません。

　ぜひ Part 3 の内容を 1 つの道標にして、楽しく自身のキャリアについて考えてみてください。

3-1 どのような仕事があるのかを知る
①分類ごとの職業一覧

　自身のキャリアを考えるために、まずは実際に世の中にはどのような職業があるのかをみてみましょう。

　以下の図表4は、ハローワークインターネットサービスのホームページに掲示されている厚生労働省編職業分類（令和4年改定）を筆者が抜粋・まとめた職業の一覧表になります。

図表4　分類別の職業一覧

大分類	中分類	例示職業名
管理的職業	法人・団体役員/管理職員 その他の管理的職業	社長、取締役、課長、店長、支配人、理事、議員、大臣
研究・技術の職業	研究者 農林水産技術者 開発技術者 製造技術者 建築・土木・測量技術者 情報処理・通信技術者 その他の技術の職業	エコノミスト、畜産技術指導員、建築設計士、土木工事監督、測量士、エンジニア、プログラマー、システムコンサルタント、無線通信士
法務・経営・文化芸術等の専門的職業	法務の職業 経営・金融・保険の専門的職業 宗教家 著述家、記者、編集者 美術家、写真家、映像撮影者 デザイナー 音楽家、舞台芸術家 図書館司書、学芸員、カウンセラー（医療・福祉施設を除く） その他の法務・経営・文化芸術等の専門的職業	裁判官、弁護士、司法書士、公認会計士、税理士、社会保険労務士、経営コンサルタント、ファンドマネージャ、仏教僧侶、作家、翻訳者、新聞記者、スポーツライター、画家、漫画家、カメラマン、Webクリエイター、広告デザイナー、歌手、作曲家、芸人、司書、学芸員、学生カウンセラー、プロスポーツ選手、トレーナー、通訳、アナウンサー、気象予報士、調理師、不動産鑑定士、プロデューサー、ゲームクリエイター

医療・ 看護・ 保健の 職業	医師、歯科医師、獣医師、薬剤師 保健師、助産師 看護師、准看護師 医療技術者 栄養士、管理栄養士 あん摩マッサージ指圧師はり師、きゅう師、柔道整復師 その他の医療・看護・保健の専門的職業 保健医療関係助手	外科医、看護師、臨床検査技師、スポーツトレーナー（理学療法士）、病院栄養士、マッサージ師、機能訓練指導員、リハビリ助手
保育・ 教育の 職業	保育士、幼稚園教員 学童保育等指導員、保育補助者、家庭的保育者 学校等教員 習い事指導等教育関連の職業	こども園保育士、幼稚園教諭、児童厚生員、保育助手、学校教諭、大学教授、学習塾教師、スポーツ指導員、カルチャースクール講師
事務的 職業	総務・人事・企画事務の職業 一般事務・秘書・受付の職業 その他の総務等事務の職業 電話・インターネットによる応接事務の職業 医療・介護事務の職業 会計事務の職業 生産関連事務の職業 営業・販売関連事務の職業 外勤事務の職業 運輸・郵便事務の職業 コンピュータ等事務用機器操作の職業	事務員、秘書、受付、コンシェルジュ、IR広報担当者、コールセンターオペレーター、医療クラーク、銀行窓口係、用度係、倉庫管理係、営業アシスタント、人材コーディネーター、百貨店仕入係、交通量調査員、駅務員、空港グランドスタッフ、トラック配車係、郵便事務員、OA事務員、データ入力事務員
販売・ 営業の 職業	小売店・卸売店店長 販売員 商品仕入・再生資源卸売の職業 販売類似の職業 営業の職業	家電量販店店長、スーパーレジ係、デパート店員、衣服販売店店員、化粧品販売員、スポーツ用品販売店員、不動産仲介人、株式トレーダー、医薬情報担当者（MR）、自動車販売営業員、スポーツクラブ会員募集員
福祉・ 介護の 職業	福祉・介護の専門的職業 施設介護の職業 訪問介護の職業	福祉相談・指導専門員、ケアマネジャー、医療ソーシャルワーカー、介護員、介護福祉士、ホームヘルパー

サービスの職業	家庭生活支援サービスの職業 理容師、美容師、美容関連サービスの職業 浴場・クリーニングの職業 飲食物調理の職業 接客・給仕の職業 居住施設・ビル等の管理の職業 その他のサービスの職業	家事代行員、ベビーシッター、美容師、ネイリスト、料理人、調理員、バーテンダー、ホテルフロント係、キャビンアテンダント、娯楽場・スポーツ施設等接客員、マンション管理人、スポーツ競技場管理人、ツアーガイド、ファッションモデル、トリマー、ブライダルコーディネーター、バス添乗員
警備・保安の職業	警備員 自衛官 司法警察職員 看守、消防員 その他の保安の職業	施設警備員、交通誘導員、ボディガード、自衛官、警察官、潜水士、救急救命士、消防士、レスキュー隊員、ライフガード
農林漁業の職業	農業の職業（養畜・動物飼育・植木・造園を含む） 林業の職業 漁業の職業	農作物栽培・収穫作業員、造園師、伐木・造材・集材作業員、漁労船の船長・航海士・機関長・機関士
製造・修理・塗装・製図等の職業	設備オペレーター 製品製造・加工処理工 機械組立工 機械整備・修理工 検査工 生産関連の職業（塗装・製図を含む） 生産類似の職業	板金設備オペレーター、印刷・製本設備オペレーター、金属プレス工、食肉加工工、木製品製造工、電気機械組立工、自動車検査工、建築塗装工
配送・輸送・機械運転の職業	配送・集荷の職業 貨物自動車運転の職業 バス運転の職業 乗用車運転の職業 その他の自動車運転の職業 鉄道・船舶・航空機運転の職業 その他の輸送の職業 施設機械設備操作・建設機械運転の職業	新聞配達員、トラック運転手、バス運転手、タクシー・ハイヤー運転手、鉄道運転士、航海士、フォークリフト運転作業員、ビル設備管理員、とび工、解体工、配管工、建設・土木作業員、電気工事作業員

PART3 キャリアを考えるステップ

建設・土木・電気工事の職業	建設躯体工事の職業 建設の職業 土木の職業 採掘の職業 電気・通信工事の職業	梱包作業員、ビル・建物清掃員、ハウスクリーニング作業員、洗い場作業員
運搬・清掃・包装・選別等の職業	荷役・運搬作業員 清掃・洗浄作業員 包装作業員 選別・ピッキング作業員 その他の運搬・清掃・包装・選別等の職業	港湾荷役作業員、道路・公園清掃員、用務員

　いかがでしょうか。皆さんの周辺にはたくさんの職業があることがわかります。海外に目を向ければ、もっと多くの職業があるでしょう。

　例示の中で、スポーツというキーワードがあるものに下線を引いてみました。慣れ親しんできたスポーツを起点にキャリアについて考えてみるのもいいかもしれません。ただ、それに限定する必要はありません。どの職業にもその職業ならではの魅力があります。そして、皆さんにはそれだけの可能性があるのです。ぜひ関心を持っていろいろな職業について調べてみましょう。

　それぞれの職業について詳しく解説している本やネット記事がたくさんありますので、お近くの書店や図書館で本を手にとって読んだり、もしくはインターネットで検索したりしてみてください。また、家族や友人でその仕事をしている方がいれば、直接話を聞くこともおすすめです。

　今まであまり接点のなかった世界を知ることや、あまり関わりのなかった人たちとの出会いを楽しみながら、自身のアンテナを広げていきましょう。

POINT

皆さんの周囲には魅力にあふれたたくさんの職業がある。興味を持って調べたり、聞いたりしてみよう。

PART3　キャリアを考えるステップ

3-2 どのような仕事があるのかを知る
②求人を見てみる

　職業をより具体的にイメージする方法の1つとして、会社が掲載している求人情報を見てみるのもおすすめです。
　求人情報を見てみると、以下の内容が掲載されています。

①雇用形態：正社員、契約社員、派遣社員など
②業務内容：仕事の内容
③条件：必須もしくは歓迎される経験や技能など
④報酬等：給与、残業代、手当等
⑤働く環境：休暇、社会保険、福利厚生

　実際に働くうえでは、④報酬等や⑤働く環境なども重要ですが、キャリアを考える際には、②業務内容と③条件を合わせて読むと、「この仕事をするためにはこのような能力が必要なんだ」という具体的なイメージを持つことができます。また、複数企業の求人票を見比べてみることで「この職種は必要としている企業が多いな」や「こういうスキルや経験を企業は求めているんだ」ということがだんだんとわかるようになるでしょう。

　求人情報は転職サイトにアクセスすればたくさん掲載されています。転職エージェントやハローワークに登録すれば、職業や業種に詳しい職員の方に話を聞くこともできます。また、多くの企業ではホームページに採用情報を掲載しています。最近では、アスリートに特化した求人を出す企業もありますので、興味のある方はチェックしてみましょう。

| POINT |

実際の求人情報を見て、必要とされるスキルを知るなど、具体的なイメージを深めてみるのもおすすめ。

3-3 自分自身を知る
①自分史を作ろう

　次は自分自身に関する理解を深めるステップについて説明します。キャリアを考えるとき、多くの人が「自分は何がしたいのだろう？」「どんな仕事が向いているのだろうか？」と自問自答します。そこで役に立つのが自分史です。

　自分史とは、生まれてから今日まで自身が歩んできた道を振り返り、年表のように書き出してみることです。

　自分史は自分を知るために書くもので、人に見せるものではありませんので、飾らずにあるがままの自分を書きましょう。輝かしいイベントだけでなく、うまくいかなかったことや日常的なことまで思い出してみましょう。

　幼い日になるほど記憶は曖昧で思い出すことが大変かもしれませんが、人の性格や価値観は、思い返せば小さいころの経験が原点となっていることがよくあります。当時の動画やアルバム、日記などを見返したり、家族や友人に聞いたりして思い出してみましょう。

　とはいえ、完璧なものを作ろうとムキになる必要はありません。書きやすいところから始めて、あとで思い出したことがあればその都度書き足していけばいいでしょう。

　自分史を書くうえで肝心な点が、以下の3つのポイントです。

　①当時の自分は、なぜその行動をしたのか
　②当時の自分は、その行動をして何を感じたか
　③そのことについて、今の自分はどう思うか

これらを思い出して書き出すことで、自分自身の特徴や大切にしている価値観を知ることができ、キャリアを考えるうえでの土台となります。

　アスリートであれば、自分史はこれまで取り組んできた競技のことが多いかもしれません。なぜその競技を始めたのか、夢中になったきっかけは何だったのか、挫折から立ち直れたのはなぜか、そのような中に原点があるかもしれません。
　また、遠征先での人との交流、心動かされた風景、リフレッシュするために楽しんでいたもの、競技とは関係のないところに、潜在的な可能性が秘められていることもあります。

　自分史のフォーマットも、本やウェブサイトなどでたくさん紹介されていますので、活用してみてください。本書でも次のページに1つの例を記載しました。

POINT

自分をより深く知ることは、これからのキャリアを考える足がかりになる。これまでの経験を振り返るために自分史を作ってみよう。

図表 5　自分史の例

	年齢（学年）	出来事／経験
	0-3 歳	
幼稚園	4-6 歳	海やプールで父に泳ぎ方を教わる。年長のときにはすでに 4 泳法をマスター。 母からピアノを教えてもらっていた。
小学校	7 歳 （小 1）	運動会でリレーの選手に選ばれた。 勉強も好きで、小学校は 6 年間楽しかった。 放課後は友達とよく公園で遊んでいた。 サッカーと習字を習い始めた。
	9 歳 （小 3）	新しいサッカーチームに入った。B チームからスタートしたけど活躍してすぐに A チーム。
	10 歳 （小 4）	学級委員に立候補して選ばれる。 文集に将来の夢は「プロのサッカー選手」と書いていた。 サッカーで市の選抜チームに選ばれた。県大会で準優勝。
		（続く）

84

①当時の自分は、なぜその行動を 　したのか ②当時の自分は、その行動をして 　何を感じたか	③そのことについて、今の自分は 　どう思うか
プール帰りにレストランに寄って家族み んなでご飯を食べるのが好きだった。 ピアノはうまく弾けるまでやめたくな かった。	
人と競い合うことが楽しかった。 目立つことが嬉しくなってきた。 やれば何でもできると思っていた。	夢中になることの子どもの力はすごいと 思う。 いろいろなことに挑戦する機会に恵まれ ていた。
成功体験がどんどん背中を押していた。	スポーツが人の成長に与える影響は大き い。
選抜チームには選ばれるかどうか不安 だったので、驚いた。 ダントツにうまい子を見てショック。意 識が1つ上がったのを覚えている。 少し神経質で合宿の夜はなかなか眠れな かった。	子どもの成長は不安定なところもあって、 精神的な成長をサポートができたらいい と思う。

3-4 自分自身を知る
②自分の強み、弱みを知る

　自分史を通じて、自分自身をより深く理解することに加えて、自分自身の強みや弱みを知ることも、キャリアを考えるうえで役に立ちます。

　Part 2で、アスリートの強みを紹介しましたが、そのうち自身に該当すると思われるものは何だったでしょうか。それ以外の強みは何があるでしょうか。強みを知ることで、自分自身に向いているキャリアが見えてくるかもしれません。

　また、自分自身にまだ足りないところは何かを探すこともまた、キャリアを考えるうえでの前進です。自分自身の弱みを把握すれば、それを克服するためのアクションがとれます。もちろん、すべての弱みを解消する必要はありませんが、キャリアの可能性がより広がるでしょう。

　自分自身の強みや弱みを分析するための具体的な手法についてはさまざまなツールや書籍が出版されています。ここでは紹介しきることができないため割愛しますが、アスリート向けの自己分析ツールも開発されています。ぜひ自身にあったツールを探して利用してみましょう。

　なお、自己分析を行う際には、家族や友人、キャリアエージェントなどに分析結果を共有し、フィードバックを得ることで、より正確な自己分析を行うことができます。
　自分の思う自分と、人から見る自分にはギャップがあることがあります。フィードバックを受けると、必ずと言っていいほど新しい発見があるでしょ

う。ぜひ真摯な気持ちで聞いてみましょう。

> POINT
>
> 自分の強みと弱みを分析しよう。自分だけでやるのではなく周囲の人にも聞いてみよう。

3-5 自分のキャリアを考える
①3方向からのアプローチ

　自身の可能性のある職業や自分自身の理解が進んだことで、自分のやりたい仕事や向いている仕事が少しずつ見えてきたかもしれません。そこで、ぼんやりと見えてきたキャリアをより鮮明にしていきましょう。

　自分史や強みや弱みを考えている中で、自身の「やりたいこと」や「できること」がリストアップされてきたのではないでしょうか。また、職業を調べている中で、また、周囲の方たちと話す中で、社会や周囲から期待されていることや「求められていること」が見えてくるでしょう。

　やりたいと一方的に思っても、その能力がなければできません。また、誰かが求めていなければ仕事になりません。また、できる能力があっても、やりたいという気持ちがなければその仕事を続けることは難しくなるかもしれません。また、周囲からどんなに期待されていたとしても、自分にやる気ややる能力がなければできません。

　そこで、「やりたいこと」「できること」「求められていること」の3つが重なるところに着目すると、キャリアがより具体的に見えてきます。イメージすると次の図表のようになります。

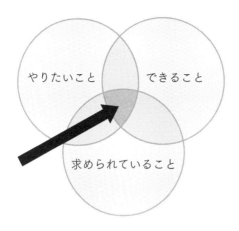

3つのうちどこから考えても構いません。考えやすいところからアプローチしていきましょう。

キャリアを考えていく中で、「この職業に就いて働いている自分を想像するとワクワクと心が躍るか？」「自分の強みが生かされるか？」「社会のニーズはあるのか？」などと、この3つのそれぞれからの問いを重ねてみましょう。その積み重ねの結果、自身のキャリアがより明確になっていくるでしょう。

POINT

「やりたいこと」、「できること」、「求められていること」が重なるところを見ると、キャリアが見えてくる。

3-6 自分のキャリアを考える
②自分の価値を高める

　キャリアの方向性が見えてきたら、自分自身の可能性を広げるために、労働マーケットにおける自分の価値を高めることもおすすめです。

　Part 3の最後に、キャリアについて取り組む際に、一般的で汎用性が高い3つのアクション、すなわち、「ビジネスマナーを身につけること」、「資格を取得すること」、「パソコンスキルを身につけること」について触れておきます。

　1つ目は、ビジネスマナーです。ビジネス界で活動する際に必要となるのがビジネスマナーになります。ビジネスマナーを身につけるということは、取引を円滑に行うために、相手方に敬意を表し、信頼を勝ち取るためのスキル全般を示します。

　これは働いてから初めて必要となるものではなく、転職活動や資格勉強をする際など、ビジネス界で活動するにあたり必ず求められるスキルです。スポーツをする際に、競技レベルを高めることと同じくらい礼儀についても指導された方が多いかと思います。基本的にはビジネスマナーもスポーツにおける礼儀も同じようなものですので、そこまで堅苦しいイメージを持つ必要はありませんが、適切な知識を身につけておく必要があります。

　スポーツは競技を通じたコミュニケーションにより、自然と相手が自分を理解してくれるケースもあるかと思いますが、ビジネスにおいては取引先など、普段コミュニケーションを多くとれない人から、限られた時間の中で信頼を得る必要がありますので、最低限のビジネスマナーはしっかりと身につけておきましょう。

2つ目は資格です。一般的にキャリアチェンジを考えるときに資格の取得を検討する人は少なくありません。求人情報を見ていると、いろいろな資格があることに気づくこともあると思います。その中から興味の持てるものに取り組んでみてもいいでしょう。今では多くのアスリートが、競技生活中または引退後に資格を取得しており、その中には公認会計士や不動産鑑定士などの難関資格も含まれるようになりました。

気になる勉強方法ですが、長らく座学から遠ざかっていた人の中には急に勉強しようと思ってもどうしたらいいかわからないという人もいると思います。勉強方法は人それぞれなので、本書において「この方法を勉強しましょう」という内容はお伝えできませんが、1つ留意点として、独学にこだわりすぎない点をお伝えしておきます。

資金的な問題などで独学を選択せざるを得ない場合もあるので一概にはいえませんが、競技に取り組むアスリートは、勉強する時間が限られてしまうかもしれません。そのため、効率良く学習を進めることは重要です。その点、専門学校などは資格取得のノウハウを豊富に持っています。また、相談したりアドバイスをもらうこともできます。

最後にパソコンスキルについてです。パソコンスキルに対する苦手意識は、不安を誘う代表例として挙げられると思いますので、早めに取り組むのも1つです。ただし、もちろんビジネス界においてパソコンスキルを求められる機会は多くありますが、そこまで不安に思う必要はありません。

業種や職種によっては業務時間のほとんどをパソコンから離れた場所で過ごすものもありますし、求められるスキルもコミュニケーションツールなど日常生活で使っているツールと似たようなツールを操作できるレベルであることも多いです。

もしも、働くうえで高いパソコンスキルが求められる場合があれば、時間をかけて勉強することで身につけることができます。つまり、今はスキルがなくても後から身につけることができれば問題はありません。いたずらに不

安に感じ、自身のキャリアの可能性を狭める必要はないように思います。

POINT

何から始めたらいいかわからないときは、ビジネスマナー、資格、パソコンスキルなどを身につけることから始めるのも1つ。

参考文献

『「納得の内定」をめざす 就職活動1冊目の教科書 2026』KADOKAWA 出版、2024年

参考 Web ページ

国際連合広報センター（https://www.unic.or.jp/）（2023年10月アクセス）

リクナビ（https://www.rikunabi.com/）（2024年9月アクセス）

Interval

インタビュー　〜アスリートのキャリア形成〜

　2023年12月、君嶋愛梨沙さん（陸上選手　土木管理総合試験所（以下、土木管理））、中村裕樹さん（JOC　キャリアアカデミー事業ディレクター）、柴真樹さん（同ディレクター）にインタビューをしました。（所属、役職名は、インタビュー当時）

　君嶋さんは、2022年の陸上日本選手権では女子100mを優勝、2023年、2024年の陸上日本選手権では女子100mと200mを制し二冠に輝いている、陸上短距離におけるトップアスリートのうちの1人です。大学院を卒業後、JOCが立ち上げ・運営している「アスナビ」を利用して、現在の土木管理に就職し、今では働きながら競技活動に打ち込んでいます。

　アスナビとは、企業と現役トップアスリートをマッチングするJOCの就職支援制度であり、現在の事業責任者が柴さんであり、君嶋さんが利用した際の事業責任者が中村さんでした。

　2008年に起こったリーマンショックの際、企業はスポーツ実業団を支えきれず、活動の場を失ったアスリートが多く発生していました。そのような状況の中で東京オリンピック・パラリンピック2020年大会の誘致が決まり、日本代表の強化を目的にアスナビが立ち上げられました。

　これまで応募要件を満たした384名のアスリートが、アスナビを通じて企業に就職しました。学生のうちは競技を続けられたとしても社会人となるタイミングで競技から離れるアスリートが多く、そういったアスリートへの支援を果たしています。

　君嶋さんは、中学時代に女子200mにて当時の日本記録を樹立して日本一に輝くなど、早くから注目を浴びていました。しかし、その後、高校時代は怪

PART3
キャリアを考えるステップ

我に悩みます。日体大へ進学後、ケンブリッジ飛鳥選手を指導していた大村邦英監督との出会いもあって、少しずつ体が動くようになっていきます。そんなとき、大学内に掲載された平昌オリンピックに向けたボブスレーの選手発掘のポスターを見て応募し、無事に合格を果たします。2017年の世界選手権では7位に入賞するなど結果を出したものの、惜しくも平昌オリンピックの出場を逃しました。その後、君嶋さんは将来指導者になることを視野に、コーチングを学ぶため、大学院へ進学をしましたが、この間、陸上選手として思うような成績を上げることができずにいました。

就職活動の時期に差しかかったころ、君嶋さんは知人がアスナビを利用して就職したと聞き、アスナビに応募しました。このとき、思ったような活躍ができなかった陸上では応募要件を満たせなかったのですが、ボブスレーが彼女を救います。

君嶋さんは「ボブスレーを始めたことでアスナビに応募する権利を得られ、土木管理に就職することができました。あのとき、ボブスレーに出会っていなかったら今の自分はないです」と振り返っています。就職して社会人として陸上競技を続け、再び日本選手権を優勝し、世界陸上へ出場するまで躍進しました。

現在、君嶋さんは、夏と冬のオリンピックへの出場を目標に、働く時間をセーブしてより競技生活への比準を高めています。「いつか自分自身にチャンスの波がやってきたときその波に乗れるように全力で準備したいと思っていた。」と話す彼女を、土木管理もサポートしています。そんな君嶋さんに大切にしてきたことを聞くと、「競技生活を通じて、うまくいったときだけでなく辛い時期もありましたが、人生の岐路のタイミングではこれまでの出会いを大事にし、人との縁を大切にしてきました」と教えてくれました。

多くのアスリートの活躍をアスナビを通じて支えてきた柴さんも「『窓を開こう』とアスリートにいつも話している。競技に専念するだけでなく、身の回りのことに興味を持とう、新聞や本を読み、ニュースを見てみようと伝えている」そうです。土木管理とアスリートとして、充実したデュアルキャリアを歩

む君嶋さんは、まさにその実例です。

　中村さんは、「スポーツは負けることが多い。負けたことでPDCAサイクルを回して課題解決能力を養う。ビジネスと似た構造であり、それができることの価値に、アスリート自身が気づいていない。」と話します。

　競技生活とキャリアはつながっている、アスリートの広がる可能性を感じたインタビューとなりました。

Part 4
知っておきたい
お金と社会の仕組み

Summary

　アスリートに限らず、キャリアを考えるときにお金のことは気になります。そのキャリアでは一体いくら稼げるのだろうか、そのビジネスではどれくらいのお金が動くのだろうか、などと思いを巡らせることでしょう。
　現在の私たちの社会ではお金は大きな役割を果たしています。そのため、お金について正しい知識を身につけ、どのように付き合っていくのかを考えることは、キャリアを考えるうえでも重要です。

　Part 4 では、お金について、以下のようにまず身近なテーマから始めて、徐々にスケールを広げて説明します。

・個人の生活におけるお金について
・スポーツ界に関するお金の話
・社会全体のお金の仕組み

　そして最後に、お金が社会の中で果たしている役割について、解説を加えました。

　Part 4 を読むことで、お金について、さらには、皆さんが生きる社会について、興味や関心を広げてもらえたらと思います。

4-1 個人のお金の話
①生涯お金はいくら使うのか

　現役のアスリートを対象にしたアンケート（「アスリートのお金の実態調査」2022年　株式会社マネーフォワードおよび株式会社マイナビ）によると、お金に関する不安を抱えているアスリートは87％でした。そして、お金に関する不安のトップ3の中に、引退後の収入についての不安がありました。

　1位　競技生活を満足に送るためのお金があるか
　2位　引退後、十分な収入が得られるか
　3位　資産管理の方法がわからない

　1-3 や **1-4** でも述べましたが、人は知らないことがあると不安になるものです。逆に知ることで不安を和らげることもできます。

　そこで、まずは私たちが生きていくうえで一体いくら必要なのかを考えてみましょう。
　この問いに対する答えとして、2億円〜3億円という数字を聞くことがあります。もう少し詳しくみてみましょう。

　総務省統計局が実施している家計調査によると、1か月当たりの支出の平均は次のとおりです。

図表6 1か月当たりの支出の平均

	2001 年	2024 年
食料	46,000	41,000
住居	26,000	21,000
水道光熱費	9,000	15,000
家具・家事用品	5,000	5,000
服	9,000	4,000
医療費	5,000	8,000
交通・通信	20,000	22,000
教養娯楽	24,000	17,000
その他	31,000	33,000
合計	177,000	167,000

　これを12倍して1年間に換算すると、約200万円ということになります。成人して独立したあとに70年間生きると仮定すると、200万円×70年＝1億4千万円が必要となる計算になります。

　なお、上記の支出は、暮らす場所や求める生活水準など人によって異なりますし、一人暮らしなのか家族と同居なのかなどの前提条件にも左右されます。また、このところ日本を含む世界中の物価が上がっていますので、本来はそのことも加味する必要もあるでしょう（20年以上も生活費がほとんど変わっていない（むしろ下がっている）日本というのは、世界的にみても珍しいといえます）。そのため、ここで算出する金額はあくまで1つの目安でしかないことを頭に入れておいてください。

　それでは計算を進めます。先ほどの1億4千万円に、ライフイベントにかかるコストを足していきます。主なライフイベントとして以下の内容が挙げられます。

・引っ越し

・車の購入

・住宅の購入

・結婚

・出産

・子どもの教育

・老後医療

・介護

・葬儀

　これらは個人差が大きく、パートナーの有無、共働きかどうかなど、条件や前提も人それぞれで異なってきますが、大まかにこれらを見積もって足し合わせると、2億円〜3億円という金額が算出されます。

　かなり粗い計算ではありますが、キャリアを考えるうえで1つの目安になるのではないでしょうか。

　なお、こちらの計算には支払義務がある所得税などの税金や社会保険料などは加味していません。そのため、繰り返しになりますが、2億円〜3億円というのは、あくまで目安の金額です。

POINT

1人の大人が生涯を過ごすのに使うお金は、約2〜3億円
（1つの目安）。

4-2　個人のお金の話
②個人がお金を手に入れる
方法とリスク

　次に、生きていくために必要なお金をどのように手に入れたらよいのかを考えてみましょう。また、それぞれの方法に伴うリスクについても言及します。

　皆さんが生涯生活するうえで必要なお金は、主に以下のような手段で受け取ることができます。

　①働く：給料や退職金を受け取る、事業を営む
　②もらう：年金、保険、相続などを受け取る
　③増やす：預貯金、株式、不動産などに投資する
　④売る：持っている資産を売る
　⑤借りる：銀行などから借りる

①働く
　こちらはイメージがつきやすいと思いますが、働くことでお金を受け取ることができます。働き方も大きく分けると、誰かに雇ってもらって給料をもらう方法と、自分で事業を立ち上げて稼ぐ方法があるでしょう。
　働き続ければ、その対価としてお金を受け取ることができ、堅実な方法と考えられますが、健康を害するなど何らかの理由で働けなくなると、お金を受け取れなくなります。また、倒産やリストラなど、務め先の事情で働けなくなることもありますし、立ち上げた事業がうまくいかなくなる可能性もあります。これらのリスクに備えて、生命保険、失業保険等の保険に加入することも考えられます。

②もらう

　たとえば、適切に国民年金を支払っていれば一定の年齢に達すると受け取ることができます。家族などから相続によって資産を受け取ることもあります。また、先ほど述べた保険に加入していれば、条件を満たせば保険金を受領することもあります。

　これらは、制度に従ってもらうことになります。国民年金制度自体、支給対象年齢が変わるなど制度自体が変わることもあります。また相続も円満とはいかないケースもありますし、相続税や固定資産税の負担が発生するなどの難しさもあります。保険も支給条件を満たさず当初思っていた金額がもらえなかったなどというケースもあります。いずれも、その制度自体を正しく理解する必要がありますし、必要に応じて専門家の力を頼ることも重要です。

③増やす

　お金は元手があればそれを増やすこともできます。たとえば、お金を銀行などに預ければ、預けた金額に加えて利息を受け取れます。株式などを購入すれば、配当などの形でお金を受け取れます。賃貸不動産を所有すれば、家賃収入を受け取れます。これらは"お金に働いてもらう"と表現されることもあります。お金が働いてくれている限り、継続してお金を受け取れます。

　お金に働いてもうことにもリスクはあります。上記の例でいえば、変動金利であれば利率が下がる、企業の業績が下がれば配当が減る、借りる人がいなければ家賃が発生しない、ということもあり得るでしょう。そのため、お金にどのように働いてもらうかの選択が重要になります。

④売る

　何かを売ることでお金を手に入れることもできます。たとえ当初は自分で使うために買ったものでも、売ればお金になります。最初から売ることを目的に買うものもあるでしょう。先に挙げたものの中でも、たとえば立ち上

げた事業そのものを売ることもできますし、株式や不動産なども売却することでお金に変わります。

その際、売れる金額はそのときの事情などで予想とおりにはならない可能性があります。上がればいいのですが、下がるリスクもあります。また、リターンが大きく期待できるものは、そのリスクもまた大きくなります（いわゆるハイリスク・ハイリターン）。そこで、分散投資などによってリスクとリターンのバランスを考えることが必要になります。このバランスをどのあたりでとるかは、その人の嗜好や判断によっても変わってくるところでしょう。

⑤借りる

最後に、お金は借りることでも手に入れることができます。この場合、一時的に使えるお金が捻出されますが、当然「返す」必要もありますし、利息を払う必要もありますので、慎重に考えましょう。

POINT

お金を手に入れる主な手段は、「働く」「もらう」「増やす」「売る」「借りる」の5つ。それぞれにリスクがあることを覚えておこう。

4-3 個人のお金の話
③キャッシュ・バランス

　お金の動きをとてもシンプルに整理すると、お金が入ってくる「キャッシュ・イン」と、お金が出ていく「キャッシュ・アウト」があります。よく「身の丈にあった生活をしましょう」と言われますが、手に入れるお金（キャッシュ・イン）と、使うお金（キャッシュ・アウト）のバランスがとれていることが重要です。まずは日々の生活において、キャッシュ・インを上回るキャッシュ・アウトをしないように心がけるとよいでしょう。

【お金の管理の基本】
キャッシュ・イン　＞　キャッシュ・アウト

　そのために、家計簿アプリなどを使ってお金の収支を管理することが役に立ちます。記録をとることで、自身のお金の使い方を知り、見直すこともできます。

　また、お金はタイミングについて考えることも大事です。より長いスパンで収支のバランスを考えて、ライフプランを考えることも大切です。もし、より自身に合った生涯のライフプランを知りたい場合、たとえば、金融庁や金融機関などのウェブサイトで、ライフプランシミュレーターを試してみることができます。また、より詳しく知りたい場合には、ファイナンシャルプランナーなどの専門家に相談することもできます。

　将来的なことも含めてお金のことにある程度見通しが立ち、安心できると、競技にもより落ち着いて取り組むことができるでしょう。

お金に関しては、生まれ育った環境やその後の経験などを通じて、人それぞれの価値観があると思います。今ある価値観もいつか変わることもあるでしょう。また、多かれ少なかれ、お金に関する失敗もあると思います。
　大切なことは、そうした経験を通じて、自身にとってのお金との良い関係を築いていくことではないでしょうか。

> POINT
>
> 　キャッシュ・バランスを保つためには、日常生活では「キャッシュ・イン > キャッシュ・アウト」を心がける。

4-4 スポーツ界に関するお金の話
①スポーツ界の収入源

それでは次に、皆さんになじみのあるスポーツ界のお金事情をみてみましょう。

まず、スポーツ界ではどのようにお金が入ってくるのか、その収入源をみてみましょう。ここでは例として、日本のプロサッカーリーグのJリーグと、プロバスケットボールリーグのBリーグのクラブチームの決算情報を参考にします（図表7〜10）。

これらの数値からわかることの1つは、収入の約半分は企業などからのスポンサー収入が占めているということです。リーグ配分金はリーグを運営するJリーグからの配分金ですが、この多くはスポンサー収入や放映権収入に支えられています。それを考慮すると、半数以上が企業からのお金によって支えられていることになります。次いで、主に個人による入場料収入（チケット等）や物販収入（ユニフォーム等）が続きます。

図表7　Jリーグの収入・支出（2023年度）

（単位：百万円）

	J1 （18チーム）	J2 （22チーム）	合計
〈収入〉			
スポンサー収入	40,098	23,661	63,759
入場料収入	17,293	5,410	22,703
リーグ配分金	6,197	2,968	9,165
物販収入	10,012	7,198	17,210
その他	20,019	5,808	25,827
〈支出〉			
トップチーム人件費	42,237	17,733	59,970
トップチーム運営経費	6,922	4,785	11,707
ホームゲーム開催費	6,133	3,585	9,718
物販関連費	7,135	2,229	9,364
その他売上原価	10,037	6,228	16,265
販売費及び一般管理費	21,538	11,063	32,601
営業利益（収入－支出）	△383	△578	△961

（Jリーグのホームページに基づき筆者作成）

図表8　Jリーグの収入の割合

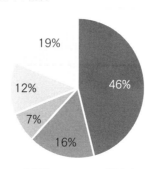

■スポンサー収入　■入場料収入　■リーグ配分金　　物販収入　　その他

（Jリーグのホームページに基づき筆者作成）

図表9　Bリーグの収入・支出（2023年度）

（単位：百万円）

	B1 （24チーム）	B2 （14チーム）	合計
〈収入〉			
スポンサー収入	18,858	4,900	23,758
入場料収入	6,483	1,017	7,500
リーグ配分金	1,184	268	1,452
物販収入	2,194	317	2,511
その他	5,405	910	6,315
〈支出〉			
トップチーム人件費	14,703	3,507	18,210
トップチーム運営経費	2,317	829	3,146
ホームゲーム開催費	6,550	1,327	7,877
物販関連費	1,427	251	1,678
その他売上原価	1,648	484	2,132
販売費及び一般管理費	8,516	2,467	10,983
営業利益（収入－支出）	△1,037	△1,453	△2,490

（Bリーグのホームページに基づき筆者作成）

図表10　Bリーグの収入の割合

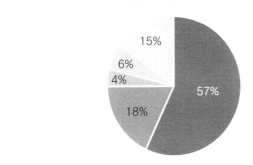

■スポンサー収入　■入場料収入　■リーグ配分金　　物販収入　　その他

（Bリーグのホームページに基づき筆者作成）

なお、リーグからの配分金の元手となっている放映権ですが、これはゲームなどの映像を放映する権利のことで、一般的にはチームではなくリーグがテレビ局や動画配信事業社などと契約を結びます。放映権ビジネスが普及したのは、1984年のロサンゼルスオリンピックがきっかけとも言われていますが、これによってスポーツ界に多額のお金が流入することになりました。
　放映権が普及している海外では、人気のプロスポーツリーグなどの放映権料は、年間で数千億円にもなることも多々あり、日本でも、Jリーグなど数百億円規模の契約が結ばれています。放映権は年々高騰が続いており、スポーツ界の発展に大きな貢献を果たしています。

> POINT
> 　スポーツ界には、企業からのスポンサー収入や放映権料によって多くのお金が入ってきている。

4-5 スポーツ界に関するお金の話
②企業はなぜスポーツに
お金をかけるのか

　企業はなぜスポーツにお金を出すのでしょうか。その答えは時代とともに変化しています。たとえば、日本ではプロリーグになる前は企業による部活動が、サッカーやバスケットボールの発展に大きく貢献してきました。以前は、企業は社内に部活動をつくり、選手を雇い、サポートする、いわゆる「企業スポーツ」が盛んでした。今でも企業スポーツが発展を支える競技は数多くあります。

　企業スポーツは、従業員の福利厚生目的の他に、人々の注目を集めやすいスポーツに企業名や商品名を出すことで知名度を上げ、イメージを高める広告宣伝の意味合いが強くありました。いわゆるブランディングです。その目的を果たすことができれば、たとえば、人が注目しやすいスポーツならなんでもいいでしょうし、企業が営む事業との関係性にこだわる必要もありませんでした。

　しかし、企業は業績が悪くなれば費用を抑えなければならなくなります。実際、1990年代のバブル崩壊によって打撃を受けた企業が、部活動から撤退したという事例は数多くあります。このように、広告宣伝などのコストとして行われるスポーツへの投資は、どうしても一時的なものとなってしまう傾向があります。

　一方で、近年ではスポンサーシップの考え方が進化しながら浸透しています。スポンサーシップにおいては、企業はスポンサーを行う対象について、企業の目指すものや理念を重ね、共通のものがあるかを重視します。たとえば、世界中でエナジードリンクを販売するレッドブルグループは、「翼を授

ける」をキャッチコピーとし、文字通り飛ぶスポーツのイベントや躍動感のあるスポーツなどに、多数スポンサーとして出資しています。

このように理念やイメージを共有することで、より効果的にその目的を果たすことが可能になります。

さらに、スポンサーシップはパートナーシップへと発展しています。つまり、企業とスポーツがお互いに利益を与え、ともに発展を支え合うビジネスパートナーとなるのです。

企業はお金だけでなく自社の製品やサービス、さらにはノウハウをより積極的にスポーツに提供し、スポーツの発展を支えるとともに、それらを通じて自社の社会的な価値を高めるとともに新たなビジネスチャンスや新規顧客を獲得し、事業を強化していきます。

これに対して、スポーツ側もスポンサー企業に対して、その企業の事業に沿った価値を考え提供していき、お互いの成長を目指します。

たとえば、ソフトバンク株式会社はBリーグの設立以来、パートナー契約を締結するなど日本のバスケットボールの発展に貢献してきましたが、そのソフトバンク社はスポナビライブなどの配信サービスを提供しています。

ソフトバンク社は携帯サービスなど、いかに多くのユーザーを自社のサービス圏内（経済圏）に取り込めるかが重要なビジネスモデルを展開しています。そこで、日本でも最大のプレーヤー数を誇るバスケットボールを発展させ、コンテンツとしての魅力を高め、動画や情報を配信することで、より多くのユーザーを獲得しビジネスを成長させることができます。

その他のスポンサー企業もさまざまな形で日本のバスケットボール界を後押ししています。その結果、近年の日本のバスケットボール界の成長は著しく、国際大会での成績を伸ばし、世界最高峰のアメリカのリーグにも日本人選手が移籍し活躍するようになってきました。

スポーツの発展とスポンサーの事業の発展の好循環が発揮されている例の

1つといえるでしょう。

> **POINT**
>
> 企業とスポーツ界との関係は、以下のように進化してきた。
> ①広告宣伝の媒体
> ②スポンサーシップ
> ③ともに価値を生み出し発展するパートナーシップ

4-6 私たちの社会とお金
①資本主義とは

　ここからはさらに範囲を広げて、私たちの社会とお金の関係について考えてみましょう。
　私たちが暮らす社会は、資本主義という考え方に基づいています。学校の授業などでも聞いたことがある言葉だと思いますし、数多くの本で詳細に説明していますので、ここではわかりやすさを重視して、少しかみ砕いて資本主義について説明したいと思います。

　資本主義には、「1人で小さくやるよりみんなで大きくやるほうがいい」という発想が根底にあります。たとえば、畑を耕すことを考えてみましょう。1人でやるよりもより多くの人が一緒にやったほうが、広い畑ができますし、知恵を出し合って協力し合うことができます。その結果、より多く、より良いものが収穫できるようになる、つまり、社会全体がより豊かになるのです。

　たとえば、100人の人がいるとして、100人がそれぞれで畑を持って耕したときに収穫できる量を100とします。この場合、100人が集まって協力し合って一緒に取り組めば100以上のものができるでしょうし、より美味しいものができるでしょう。
　それを実現するには、畑にできる広い土地を持っている人のところに集まるのがいいでしょう。ここでは、わかりやすくするために、ある1人が大きな土地とお金を持っていて、畑を耕すための道具や種などを買い集め、さらに99人を集めて雇うことにします。すると、100以上の収穫、たとえば150の量の収穫ができるようになるでしょう。

このとき、大きな役割を果たしているのが、土地や道具などの「モノ」、そこで働く「ヒト」、それらを集める「カネ」となります。そこで、これら3つを「資本」と呼びます。なお、近年では、重要な役割を果たす他の要素、たとえば「情報」などを、この3つに加えて資本と呼ぶこともあります。そして、それらを持つ人を「資本家」と呼びます。また、労働を提供する人を「労働者」と呼びます。

　こうして、より大きく、より効率的に、モノやサービスが生み出され提供されているのです。

　資本主義では「自由競争」も重要な役割を果たします。競い合うことで、より良いものが生まれて、結果的に社会がより豊かになるという考え方です。ライバルと競い合い、パフォーマンスを高めてきたアスリートの皆さんであれば、競争がもたらす良い影響というものはイメージしやすいかもしれません。

　たとえば、先ほどの例の続きで、畑を耕す100人のグループがもう1つあったとしましょう。2つのグループがそれぞれ150の量を作れば、合計300の収穫量になりますが、少しでも多く作ろうと競争が始まると、お互いに切磋琢磨して収穫量を増やす努力を続け、たとえばAグループは200、Bグループは180、収穫ができるようになります。その結果、合計すると380を収穫できるようになります。

　さらに、今までにない美味しさを武器にしたCグループが競争に参加してきたとしましょう。すると、今度は量だけでなく質についても競争が始まります。

　やがて、他にはない高級感を売りにしたり、逆に安さを売りにしたり、サービスを売りにしたりと、競争相手との違いを出して、さまざまなグループが登場し、競争がますます激しくなります。時には競争に敗れ、畑を耕すことをやめてしまうグループもありますが、その分の資本は残ったグループが

効果的に生かすことになるでしょう。その結果、市場には良いものが増え、買う側も選択肢が広がり、より豊かな社会になります。

　このように競争が自由に活発に行われることで、社会全体では、限られた資源を有効に活用し、より多く、より良いものが生み出されます。自由な競争によって、結果として社会全体がより一層豊かになるのです。

> **POINT**
>
> 資本主義社会では、資本を集めてより大きく、より効率的にモノやサービスが提供される。さらに、自由な競争が行われることで、社会全体がより豊かになる。

4-7 私たちの社会とお金
②株式会社の仕組み

　社会に豊かさをもたらす自由な競争において、お金は大事な要素です。お金が増えれば、より広い畑を持ち、より多くの人を雇い、より美味しいものを作り、社会を豊かにすることに貢献できます。
　それでは、どのようにすればお金を集めることができるでしょうか。

　お金を持っている人、お金を増やしたい人に、「あなたのお金を増やすので、お金を出してください」と言えば、お金を出してくれる人がいるでしょう。このとき、1人のお金持ちにお願いするのもいいのですが、たくさんの人から少しずつお金を集めたほうが、結果的により多くのお金を集められるでしょう。
　そこで、1口XX円という形で、お金を集めます。そのお金を使って稼ぐことができたら、その稼ぎの一部を、お金を出してくれた人たちに、その口数に応じて配ります。とてもシンプルな説明になりますが、そのような仕組みを基本としているのが株式会社です。

　1口XX円というのは、「株式」と呼ばれ、会社が稼いだお金を受け取る権利を持ちます（稼いだお金から配られるお金を「配当金」といいます）。株式を持っている人を「株主」といい、その会社の持ち主の1人になります。
　株式は他の人に譲る（売却する）こともできます。このとき、その会社の未来が明るければ、配当金が増えることが期待されるので、高いお金を払ってでも株式を買ってくれる人が出てくるでしょう。つまり株式の価格が上がります。逆に、その会社の未来の雲行きが怪しくなると価格は下がります。

117

そのため、株式を持つということは、チャンスと同時にリスクを負うことになります。

　そのため、株主にとって、会社の未来を左右する「経営者」選びが大事になります。経営者は株主の中から選ぶこともできますし、他から選ぶこともできます。

　経営者は株主からの依頼を受けて、株主たちが出したお金を使って会社を経営します。従業員を雇い、組織を作り、株主の期待に応えるのです。そして、経営者はどれくらい稼ぐことができたのかを定期的に報告しています。

　経営者はしっかりと稼ぐことが重要です。それがお金を出している株主の期待であり、たくさん稼げばより多くのお金を株主に配ることができます。そして株主の期待に応えることができれば、より多くの人からお金を集めることができますし、それによってより良いものをより多く提供できるようになり、社会はより豊かな社会になっていきます。

　このように、株式会社は、資本主義社会の発展に、大きな役割を果たしています。アスリートが個性も特徴もさまざまなように、株式会社もさまざまです。また、会社は株式会社以外の形態もあります。社会には、会社以外にもいろいろな組織があります。「稼ぐ」だけではない形で社会の発展を支える役割を果たす人たちもいます。

　ここでは、資本主義という仕組みをわかりやすく説明することに焦点を当てましたが、社会の仕組みや、社会の中で活躍する人たちについて、知れば知るほど、キャリアを考えるのが楽しみになってくるのではないでしょうか。

POINT

資本主義社会の発展には、株式会社が大きな役割を果たしている。

4-8 私たちの社会とお金
③直面する社会課題

　私たちの社会の豊かさの多くは、株式会社をはじめとした企業の経済活動によってもたらされています。企業の経済活動が活性化すれば社会はより豊かになります。皆さんの普段の生活も、企業が提供しているサービスや物にあふれています。

　ところが、企業の活発な経済活動がもたらす問題があります。先ほど述べたとおり、企業はしっかりと稼ぐこと、つまり利益を上げることが重要となります。ところが、企業がそのことにあまりに集中したことで、社会や私たちが住む地球に大きな負担をかけてしまったのです。

　わかりやすい例は環境問題です。企業活動は、公害、森林破壊、動植物の絶滅、温暖化の進行、さまざまなスケールで地球環境に影響を及ぼしてきました。また、格差などの社会問題も引き起こしています。

　こうした状況に対して、世界ではさまざまなアクションがとられてきました。その代表的なものが、2015年に国連総会で決議された「持続可能な開発目標（Sustainable Development Goals、通称SDGs）」です。SDGsは、2030年までに取り組むべき17の目標を定めています。その中には、貧困、健康、性別、人権、気候変動、平和などの社会課題が含まれています。

図表 11　SDGs の 17 の目標

　資本主義によって確かに私たちの生活は豊かになりました。ただ、このまま同じ道を進み続けるわけにはいかない状況に陥っています。今、私たちの社会は大きな岐路に立っているといえるでしょう。

　政府や地方自治体などの行政も、NPO 法人などのさまざまな団体も、これらの社会課題に取り組んでいます。また、多くの企業も、社会の一員として、それぞれの強みを生かしながら、それらの社会課題に対して何ができるのかを真剣に考え、取り組んでいます。

> **POINT**
>
> 　私たちの社会は、今、多くの社会課題に直面し、大きな岐路に立たされており、その解決に社会全体で取り組んでいる。

4-9 私たちの社会とお金
④新たな資本主義

　企業の経済活動がもたらす問題に関心が高まるとともに、株式会社にお金を預ける株主にも変化が生じてきました。多くの株主は、お金を預ける株式会社を選ぶときに、稼ぐ力だけでなく、どれだけ環境や社会に配慮しているかをみて判断するようになったのです。

　これは ESG 投資と呼ばれました。これは、"Environment"（環境）、"Social"（社会）、"Governance"（企業統治）の頭文字をとったものです。企業も株主の期待に応えるために、また、自社のブランドイメージのために、社会貢献活動に力を入れるようになりました。

　それ自体は良いことなのですが、社会貢献活動が企業にとって単にお金がかかるものと位置付けられてしまうと、時に継続することが難しくなります。

　企業はモノやサービスが売れなくなると、その分コストをカットしなければなりません。稼ぎに直結しない社会貢献活動はその対象になりがちです。**4-5** で述べた企業の部活動の撤退もその 1 つの例といえるでしょう。言い換えると、稼ぐための本業と分けて社会貢献活動を行っていても続かない（持続可能性がない）のです。

　そこで新たに出てきたのが、より長期的価値を重視する新たな資本主義社会を実現しようという考え方です。

　これまで、企業の価値は、稼ぐ力を指していました。そして、企業は稼ぐ力をアピールするために目先の利益を追求する傾向が強くなっていました。言い換えれば、企業は短期的価値を高めようとするのです。そのため、目先

の利益には表れにくい社会貢献活動などはどうしても後回しにされてしまいます。

これに対して、新たな資本主義では、より将来も含めた長期的価値を重視します。この長期的価値には、稼ぐ力だけではなく、社会や環境などに良い影響をもたらすことも含まれます。株主たちが企業に長期的価値を持つことを期待するようになると、その期待に応えるべく、経営者は稼ぐことと社会に貢献すること、その両方を追求するようになります。

私たちEYでは、稼ぐ力を経済価値、社会に貢献する力を社会価値と呼んで、以下のように整理しています。

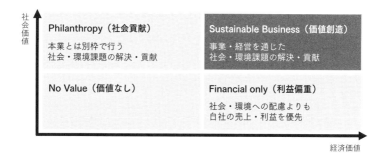

これまでの資本主義では、経済価値と社会価値を追求することは、それぞれ別に行われてきました。ところが、社会の意識の変化とともに、両者はお互いを支え、良い影響を与えながら、価値を高め合うものに変わりつつあります。

消費者はモノやサービスを選ぶときに、社会に悪影響を及ぼさず、良い影響を与える企業のものを選ぶようになります。また、企業は自社のモノやサービスを提供する際に、社会に悪影響を及ぼさず、良い影響を与えることをアピールします。こうして、経済価値と社会価値は同時に追求されることになったのです。

企業は、今や経済価値と社会価値をかけ合わせた1つのストーリーを描くことが求められており、企業の存在価値を改めて定義し直すことが求められているのです。

　資本主義を生み出し、進化させてきた欧米企業では特に短期的利益を追求する傾向が強く、行き過ぎた傾向が批判されることもありました。それに対して、日本企業はそうした欧米企業に比べると中長期的な視点で経営が行われると評価されることもありました。

　日本3大商人の1つで江戸時代から明治時代に活躍した近江商人には、「三方よし」という考え方があります。つまり、「売り手によし、買い手によし、世間によし」という考え方で、自らの利益のみを追求することをよしとせず、社会の幸せを願う精神を表しています。多くの日本企業の経営理念には、このような精神がどこかに含まれています。

　しかし、欧米企業は新しい資本主義の考え方に基づいて、自らの価値の再定義を進めており、新たな資本主義をリードしています。

　世界で活躍する日本企業もまた、これまでの取り組みをベースに、新しい資本主義の考え方を取り込み、欧米企業に後れをとるまいと再定義に取り組んでいます。

POINT

新しい資本主義の考え方のもと、企業は経済価値と社会価値を同時に追求し、持続的な成長を目指している。

4-10 社会において お金が果たしている役割

　社会全体の話をしてきましたが、ここで、この社会とお金の関係について改めて考えてみたいと思います。そもそもお金の役割とは何でしょうか。
　お金には3つの役割があると言われてきました。それが、「交換」「尺度」「保存」です。例を交えて、考えてみましょう。

　その昔、人々の原始的な経済活動といえば物々交換でした。持っていないものが欲しければ、持っているものと交換すればいいのです。たとえば、山に住む人が魚を食べたければ、山でとれたリンゴを持って海の近くの村に行って交換します。
　それでは、仮にリンゴ3個で魚1匹と交換していたとしましょう。山の村人が家族のために魚を10匹買おうとするとリンゴ30個が必要ですが、なかなかに重たくなります。それに、リンゴが腐らないうちに持っていき魚と交換しないといけないため、魚が食べたくないときでも待ったなしです。また、海の村人がリンゴを1個だけ食べたいと思っても、手元の魚1匹だと3個になってしまいます。
　そこで、リンゴ1個は貝殻1枚と交換できることにします。魚は貝殻3枚ということになります。すると、山の村人はリンゴを少しずつ貝殻に交換しておき、手元にとっておいて、魚が食べたくなったら海の村に貝殻を持っていき魚と交換すればよくなります。また、海の村人は、魚1匹を貝殻3枚に交換しておけば、リンゴ1個だけと交換できるようになります。
　この貝殻こそがお金です。実際に中国では貝殻がお金として使われていました。お金に関する漢字に「貝」が含まれることが多いのはそのためです。（「貯」める、「買」う、「貸」す、「財」産、「資」本…）

さて、この例に、先ほど述べたお金の3つの役割を当てはめてみましょう。

　お金の役割の1つ目が「交換」です。お金はモノやサービスと交換できることで、わざわざ重たいリンゴを持ち歩く必要はなくなりました。

　お金の2つ目の役割は「尺度」です。リンゴは貝殻1枚、魚は貝殻3枚と決めることでリンゴや魚の価値がはっきりとしました。キャベツは貝殻2枚、スイカは貝殻4枚などと決まれば、それぞれの価値が簡単に比べられるようになり交換がしやすくなります。

　そして、お金の3つ目の役割は「保存」です。リンゴや魚は腐ってしまえば交換できなくなり、価値を失ってしまいますが、貝殻に変えておけばいつまでも手元に残り、欲しいものを欲しいときに交換することができます。

　「交換」「尺度」「保存」という3つの役割を果たすお金は、モノやサービスの交換を盛んにし、私たちの生活をより便利なものにしてくれています。さらには、その一部を税金という形で政府や自治体などの行政機関に回せば、行政サービスが充実して、よりバランスのとれた社会になります。

　社会全体を私たちの身体にたとえると、お金は「血液」だといえるでしょう。お金がたくさん動く社会、つまり経済活動が活発な社会では、そこで生活している人はたくさんのモノやサービスを受けていることになります。私たちはお金の存在のおかげで、より便利で豊かな生活を実現させているのです。

　お金の役割についての一般的な解説は通常はここで終わりますが、ここでは、もう少し考えてみましょう。

　私たちが、お金を支払うときに受け取るモノやサービスは、誰かが作ったり、提供したりしてくれているものです。私たちは住む場所も違いますし、できることも違います。時間も限られていて、他にやりたいこと、やらなければいけないこともたくさんあります。そのため、自分がほしいものの多くを自分では作ることができません。そこで、お金を支払うことで、それらを

受け取ることができます。その積み重ねによって、私たちの生活は成り立っています。

　1日の生活を振り返ってみれば、たくさんのモノやサービスを私たちは受けています。それらのほとんどすべてはお金を支払い、受け取ったものですが、それだけ多くの人に支えられて、私たちは生きています。同時に、私たちも、働くことでお金を受け取っていますが、それは誰かの人たちの生活を豊かさにしています。

　このように考えると、多くの人たちがお互いを支え合って生きている中で、お金がその間をつないでくれているということがわかります。お金が動くということは、人と人との支え合いが生まれていることを意味しているのです。

　私たちがお金を支払って何かを買うということは、単なる消費ではなく、その先にいる人の想いを受け取ることでもあります。お金は、人をつなげ、社会を結びつける役割を果たしているといえるでしょう。

POINT

お金には「交換」「尺度」「保存」の３つの役割があり、より便利で豊かな生活の土台となっている。

お金は、人と人をつなげ、社会全体を結びつける役割を果たしている。

4-11 資本主義社会におけるお金

　もしかしたら「お金、お金」と繰り返し聞くと不快に思われる方もいるかもしれません。「企業はお金を稼ぐために社会に悪影響を及ぼすことも厭わない」、「人もお金持ちになることこそが幸せだと躍起になり、人生を狂わせてしまう」など、お金に対して怖いイメージを持たれている方もいるかもしれません。

　しかし、本来、資本主義の考え方においては、お金を稼ごうとすることは、社会をより豊かにするための原動力となるものです。それにもかかわらず、お金に悪いイメージがつきまとうとしたら、資本主義の行き過ぎた側面としての儲け至上主義の象徴として、捉えられているからなのかもしれません。

　「お金があれば幸せになれる」といえば、YESでもありNOでもあるといえるでしょう。資本主義社会がそのあり方について軌道修正を図る中で、私たちもお金について、どのように付き合っていくのかを真剣に考える必要があるのではないでしょうか。

　そもそも豊かであるということは何でしょうか。私たちは、長い間、どれだけのモノを持ち、サービスを受けられるのかという物質的な幸せを追求してきました。それは、より良いものをより多く作り出すことを追求してきた資本主義の考え方にも合っていました。

　しかし、その価値観が行き過ぎたものになると、本来、豊かになるための手段だったお金を、手に入れること自体が目的になってしまいます。

　お金と幸せの関係については、さまざまな研究や議論が行われてきました。一定の収入があれば衣食住という基本的な生活の質が高まり、幸福感が高まることがわかっています。一方で、ある一定の収入を超えると、それ以

上収入が増えても幸福感は高まりにくくなることもわかっています。

　また、手に入れたお金を、単に自分がモノやサービスに使って物質的な消費を行うよりも、成長のための経験を積むこと、友人や家族などとより深く良い関係を結ぶこと、社会に役立てることなどのために使うほうが、幸福感は高いということも示されています。

　社会全体でみたときに、お金は必要なところに必要なだけ集まることが重要です。銀行などの金融機関はお金を預かり、預かったお金を必要としている人や企業に融資するということを通じて、お金の橋渡し役を担っています。政府や地方自治体の行政も、税金という形でお金を集め、自由競争だけでは手の行き届かない社会のインフラやセーフティネットにお金を使い、バランスをとる役割を担っています。

　私たち一人ひとりの経済活動も同様です。たとえば株式を買うという行為は、その会社の企業活動を拡大することを支持しているということにもなります。また、日々の生活の中で、ある企業が提供するモノやサービスを買うということは、その企業にお金を回し、その企業がさらに活躍することを後押しすることを意味しています。社会課題に積極的に取り組み貢献している企業を応援したいという思いがあれば、それをお金の使い方で実現することができます。

　自分自身が苦労して働いて稼いだお金なのだから自由に使いたい、自分自身の生活に必要なもの、欲求を満たすものを買うときに、いちいちそんなことを考えていられない、そのような気持ちもあるかもしれません。

　しかし、私たち自身もまた、より豊かな社会になるためにお金を必要なところに回す橋渡し役の一端を担っています。未来の社会のために役に立つと思う会社に投資する、そのような会社が販売している製品やサービスを買う、そのことを意識してみると、お金の使い方はより一層豊かなものになるのではないでしょうか。

> **POINT**
>
> 私たちがお金を使うということは、社会を豊かにするための橋渡しをしていることでもある。

参考 Web ページ

B リーグ（https://www.bleague.jp/）（2024 年 9 月アクセス）

J リーグ（https://www.jleague.jp/）（2024 年 9 月アクセス）

MoneyForward「アスリート対象　アスリートのお金の実態調査」（https://corp.moneyforward.com/news/release/corp/20220228-mf-press/）（2024 年 7 月アクセス）

世界経済フォーラム（WEF）（https://jp.weforum.org/）（2024 年 9 月アクセス）

統計局（https://www.stat.go.jp/）（2024 年 8 月アクセス）

りそなグループ（https://www.resonabank.co.jp/kojin/column/shisan_kihon/column_0003.html）（2024 年 8 月アクセス）

住友商事株式会社（https://www.sumitomocorp.com/ja/jp）（2024 年 11 月アクセス）

⟞◎ Interval

異なる2つの道を歩む

坂口惣亮（コンサルタント、プロテニスプレーヤー）

　私は、EY ストラテジー・アンド・コンサルティング株式会社のコンサルタントと現役プロテニスプレーヤーという、異なる2つの顔を持っています。ここでは、デュアルキャリアの道を歩む私の経験を紹介します。

「スポーツと生徒会活動」

　幼いころよりスポーツが大好きでしたが、特に小学6年生の誕生日に両親から贈られたテニスラケットは、私のスポーツへの情熱を刺激しました。テニスに限らず、中学時代はハンドボール部のエースとしても活躍し、学業や生徒会活動にも積極的に取り組んでいました。多岐にわたる分野での取り組みを通じて、私は「主体性」と「実行力」を養ってきました。これらは、現在のデュアルキャリアを支える私の強みとなっています。

「コンサルタントとテニスプレーヤー」

　大学時代には、重傷を負いテニス競技生活に一時的な終止符を打つことになりましたが、挑戦への意欲は衰えませんでした。アルバイトや学業に力を注ぎ、社会人となってからは憧れのコンサルティング業界への道を切り開きました。その後、事業会社の経営企画マネージャーを経て、現職に至ります。

　テニスは、会社の部活動をきっかけに9年ぶりに再開し、副業としてテニスコーチとしても活動するようになりました。プレーヤーとして全日本の厳しい公式戦に挑み続け、時には再度引退を考えたこともありましたが、ランキングを上げ、ついにはTOP100を突破しました。2024年6月には、日本プロテニス協会からこれまでの実績を認められ、プロとして公認されました。結果として、企業戦略やM&Aを専門とするコンサルタントと、日本テニス協会公認のプロテニスプレーヤーという2つの顔を持つことになりました。

「デュアルキャリアを持つ仲間」

これまで歩んできた道のりは平坦なものではありませんでしたが、私は、2つのキャリアが別々ではなく、相乗効果を持つと考えています。EYには、フリーダイビングの日本記録保持者、矢部紀行さんがコンサルタントとして働いていますが、デュアルキャリアについて語り合ったとき、彼もまたプロアスリートとして同じ考えを持っていることが印象的でした。

その他にもフィンスイミングの日本記録保持者である森琴音さん、プロボクサーとしてリングに立つ蟹江蓉子さん、パラ競泳選手で2大会連続パラリンピックのメダリストとなった富田宇宙さんなど、EYには多様なキャリアを持つアスリートが数多く所属しています。EYでは、個人を中心にすえて、個人の能力が最大限発揮されることで、組織も強くなることを追求しており、こうした多様なキャリア形成を支えています。

「挑戦と成長の連続」

私自身も、年齢を考えると競技生活を続けられる期間は限られていますが、人生という長い目線で考えたときに、コンサルの仕事だけでなく、アスリートとしての自身の可能性を追求しています。

デュアルキャリアでの生活は、常に新たな挑戦と成長の連続であり、非常に刺激的で新鮮な日々を送っています。キャリアのあり方はますます多様化していくと実感しており、デュアルキャリアの魅力に気づき、実践するアスリートが増えることを期待しています。そして、私自身がそのロールモデルの1人となれるように、今後もさらなる挑戦を続けていきたいと考えています。

Part 5
スポーツと社会の未来

Summary

　これまで全力で取り組んできたスポーツに関する仕事に、関心を持つアスリートも多いのではないでしょうか。そこで、最後にPart 5では、スポーツと社会との関わりについてお話しします。

　Part 4で触れたように、今、私たちの社会は岐路に立たされており、大きく変化しようとしています。その中で、スポーツが社会で果たす役割が広がりを見せています。それはまた、アスリートのキャリアの可能性もまた広がっていることを意味しているといえるでしょう。

　まず、Part 4と同じように、個人の話から始めます。ビジネスパーソンがスポーツに取り組むことによる良い影響についてです。
　次にスポーツが社会に与える良い影響について、スポーツが関わる分野の広がりや、スポーツを通じた社会の変革、さらには地方創生を取り上げ説明します。
　最後に、スポーツのパワーの源についての筆者の考えをお伝えしたいと思います。
　また、特別寄稿として、スポーツによって社会を豊かにしようと取り組むスポーツX株式会社の事業と、そこで活躍する人たちの紹介を掲載しています。

　Part 5を通じて、スポーツと社会との関係を理解し、キャリアを考える際に役に立ててほしいと思います。

5-1 スポーツがビジネスパーソンを強くする

　身体を動かしたり鍛えたりすることに熱心なビジネスパーソンは数多くいます。筆者もその1人です。純粋に運動が好きだからという理由もありますが、運動をすると仕事のパフォーマンスが上がるからでもあります。

　そのことは経験的にも言えますし、科学的にも説明できます。たとえば私たちが筋トレをすると、私たちの脳内では何種類もの脳内ホルモンが分泌されます。
　まず「ベータ・エンドルフィン」というこれは高い鎮痛効果があり、ストレスを感じにくくなります。
　次に、「ドーパミン」が出てきます。これにより、気分は高まり、集中力を高めて頭が冴えてきます。
　さらに、「セロトニン」が分泌され、感情をよいバランスに保ちます。
　このように、運動をすることで、ビジネスパーソンには以下のような効能が与えられます。

・身体を健康に保つことができる
・規則正しい生活が促される
・身体を動かせば仕事のストレスを解消できる
・運動で得られた達成感が仕事への自信にもつながる
・精神的に強くタフになる
・集中力や直感力が高まる
・ひらめきがわく
・目標に向かって計画を立てて取り組むスキルが身につく

PART 5　スポーツと社会の未来

135

・時間管理がうまくなる

・運動を通じたコミュニティができる

・セルフ・コントロールが鍛えられる

　運動が鍛えるのは肉体だけではありません。ビジネスパーソンとしての総合力を高めることにつながるのです。

　また、その逆のことも言えます。アスリートの読者には釈迦に説法ですが、スポーツのパフォーマンスを高めるためには、集中力を高めること、頭を使うこと、地道な努力を続けること、周囲と力を合わせることなどが重要です。それらはスポーツを通じてだけではなく、仕事や勉強、遊びの中から得られるものも数多くあります。

　日本には古くから「文武両道」という言葉があります。スポーツと勉強、スポーツと仕事はお互いを高め合う関係にあるといえるでしょう。

　このことについて、プロ野球日本ハムファイターズのGM補佐兼スカウト部長である大渕隆氏は、以前、書籍『スポーツの可能性とインテグリティ』の中の対談で「文武一道」という言葉を紹介してくれました。

　筆者は、学生時代にスポーツに取り組み、今はビジネスパーソンとして働く日々を過ごしていますが、この言葉を1つの励みにしています。本書を執筆するうえで根底にある考えでもありますので、紹介させてください。

　アスリートのセカンド・キャリアの問題の背景には、私が「一筋主義」と呼んでいる日本の文化があると思うのです。日本はこの道一筋であるということを尊ぶ文化があります。学業一筋、スポーツ一筋、取り組む競技は1つ、というように1つのことに専念する美しさを強調する文化です。この反対の概念として文武両道という考え方も確かにあるの

ですが、私自身はそれにも違和感を持っていて、むしろ「文武一道」だと思っています。文武というのは本来、連鎖して、絡み合って相互に上昇し、昇華していくはずなのに、両者を別物のように捉えるのは違うと思うのです。知識を学び運動に活かすこと、運動で体感したことを知識に繋げることは絡み合っているはずなのに、それを始めから両道として分けて異なる道があるように扱うのは、私は違うと思います。1人の人間がやることですから、本来はそれを1つひとつに分ける必要はないはずです。

POINT

スポーツは仕事における能力やパフォーマンスを高める。そして、スポーツと仕事は、互いから得られるものがある。

5-2 スポーツが社会を豊かにする

　次にスポーツと社会の関係についてみてみましょう。ここでも、スポーツとビジネスパーソンの関係と同様に、スポーツは社会により良い影響をもたらします。

　スポーツ（Sports）の語源はラテン語の"deportare"です。これはDe（離れる）＋ Portare（運ぶ）から構成され、「日々の生活から離れる」こと、すなわち「気晴らし、遊び、休養、娯楽」を意味していました。その後、娯楽の1つだった狩猟や身体を動かす野外活動の意味合いを強めていき、さらにはお互いに競い合うことを楽しむという意味合いを含むようになり、今日のスポーツという言葉が意味するものとなりました。

　しかし、現在の私たちの社会では、スポーツはその語源のように単なる非日常の娯楽とはいえません。スポーツは社会の多くの場面でポジティブな影響をもたらしています。今日では、スポーツはビジネス、医療、教育、地方再生、国際協力など多彩な分野で生かされており、豊かな社会を支える重要な社会基盤（インフラ）の1つになっているといえるでしょう。

　たとえば、健康寿命の延長や医療問題の解決のためにスポーツを積極的に活用しようという動きが強まっています。地方自治体や民間企業、大学等の機関によってさまざまな研究や取り組みが行われており、文部科学省では運動不足による過剰医療費割合を7.7%と仮定し、運動不足を解消することで平成25年度からの7年間累計で27兆円近くの医療費が抑制できるという試算を示しました。

　教育の分野においても、スポーツを通じて子どもの成長を促すさまざまな

サービスが各種企業から提供される事例が増えています。

　図表12はスポーツビジネスの分野を整理したものになりますが、多様な分野にスポーツが関わっていることがわかります。つまり、スポーツが健全に発展して活性化すれば、さまざまな分野で社会がより豊かなものになるのです。これは、スポーツがビジネスパーソンを強くするメカニズムに似ています。

図表12　スポーツビジネスの分野

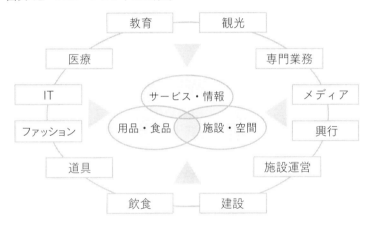

　これをアスリートのキャリアという観点からみれば、社会の幅広いフィールドにおいて、スポーツに関するキャリアが何らかの形で存在するといえるでしょう。スポーツに取り組み、スポーツの良さを深く知るアスリートだからこそ、その強みを発揮してキャリアを歩むことができます。企業や組織もまた、そのような人材を求めています。

　自身が興味を持っている分野や業種に「スポーツ」という単語を加えて情報を収集すると、想像以上に皆さんの新たな可能性が見えてくるのではない

でしょうか。

　私たちの社会が直面する課題の解決に、スポーツを生かしていく、その担い手の1人として活躍する、そのようなキャリアを歩むアスリートがこれからも増えていくのではないかと思います。

> POINT
>
> スポーツはさまざまな分野で社会を豊かにするものとして注目が高まっており、アスリートのキャリアも多様になりつつある。

5-3 スポーツが社会を変革する

　先ほど、スポーツは社会を豊かにすると述べましたが、スポーツは人々の意識や社会を「変革」する程のパワーを持っています。スポーツに集まる熱狂は社会に活力を与え、アスリートの挑戦がそれまでの常識を打ち破り、私たちの社会に新しい未来への可能性をもたらします。

　たとえば、かつては日本の野球はパワーに勝るアメリカにはかなわないと思われていました。その姿は、欧米に対して憧れやコンプレックスなどの複雑な感情を持っていた戦後の日本の姿に重なるところがあります。
　しかし、野茂英雄選手がアメリカのメジャーリーグへの挑戦の道を切り拓きます。そして、イチロー選手がスピードと技で活躍し、日本のスモールベースボールが世界大会で優勝します。さらに近年では大谷翔平選手がパワーでもアメリカの選手を凌駕する姿を見せてくれています。その姿に後押しされて、私たちの世界に対する意識は変化しています。

　また、別の例として、ラグビーワールドカップを挙げてみましょう。ラグビーでは他の多くのスポーツと異なり、国籍ではなくどの国のラグビー協会に所属するかによって代表チームが決まります。そのため日本代表チームも多国籍集団となりましたが、ワールドカップでは文字通り「ワンチーム」となって躍進し、私たちに多くの感動を与えました。
　その活躍する姿を見て、私たちに多様性がもたらす調和と強さなど、多くの学びを与え、私たちの意識に少なからず変化を起こしました。

　スポーツが社会に与える影響力は底が知れません。実際にスポーツの力で

社会に新しい考え方やパワーを生み出そうという動きは、大小さまざまにあります。

　たとえば、2021年9月に開幕した女子プロサッカーリーグのWEリーグは、4つの設立意義を掲げていますが、そのトップが、「日本の女性活躍社会を牽引する。」です。そして、「女子サッカー・スポーツを通じて、夢や生き方の多様性にあふれ、一人ひとりが輝く社会の実現・発展に貢献する。」ことを理念に掲げています。

　世界経済フォーラム（WEF）が毎年公表している、男女格差の現状を各国のデータをもとに評価した "Global Gender Gap Report"（世界男女格差報告書）の2023年版では、日本のジェンダーギャップ指数は146か国中125位です。これは前年（146か国中116位）から9ランクダウンという状況で、2006年の公表開始以来、最低となってしまいました。2024年版では118位と低迷が続いています。

　報告書は、各国の男女格差を「経済」「教育」「健康」「政治」の4分野で評価していますが、日本では特に「政治」の評価が厳しく、次いで「経済」となります。

　WEリーグの立ち上げとアクションは、その現状を改善する1つのパワーをもたらしてくれる可能性を持っているといえるでしょう。

　その他にも、2016年に設立された一般社団法人世界ゆるスポーツ協会は、スポーツクリエイター集団として、年齢・性別・運動神経に関わらず、誰もが楽しめる新スポーツを生み出しイベントを開催しています。

　このようなスポーツに関連した取り組みが活発に行われています。スポーツを通じて、国際経験をはじめ、さまざまな経験を持つアスリートが、社会と向き合い、スポーツを通じた取り組みに関わることは、社会にとっても大きな力になるでしょう。

> **POINT**
> アスリートの活躍や取り組みは、私たちの意識に働きかけて社会に変革（イノベーション）をもたらす力になる。

PART5 スポーツと社会の未来

5-4 スポーツを生かした地方創生

　スポーツの力を生かして社会をより良くしようとする取り組みは広がっていますが、その1つに地方創生があります。

　まちづくりや地域活性化の核となるスタジアム・アリーナの実現は、日本の成長戦略の1つです。政府の「未来投資戦略2017」（2017年6月閣議決定）においても、2025年までに20か所のスタジアム・アリーナの実現を目指すことが具体的な目標として掲げられました。

　なお、スポーツ庁によると、2024年9月時点で、全国の自治体等においてスタジアム・アリーナの新設・立替構想が100件近くあるそうです。スポーツ庁のホームページでは、「スタジアム・アリーナ改革」と題して、ガイドブックや効果の検証モデル、国内外の実例集などが公表されています。関心のある方はぜひ一度見てみてください。

　ここでは、私たちEYが提唱する「スポーツの価値循環モデル」を紹介します。スポーツの価値循環モデルでは、スポーツコンテンツを地域の中心にすえ、スポーツを通じた熱量の高い感動体験が軸となって、その周囲に経済的価値や社会的価値を含むさまざまな価値をもたらし、相互に価値を高め合いながら、価値が持続的に循環することを意図したものです。

図表13　EYのスポーツ価値循環モデル

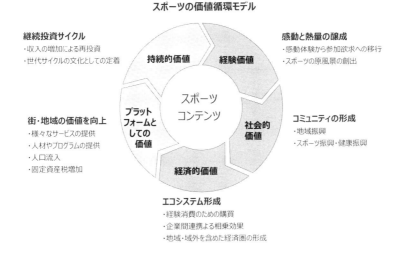

　2024年10月に開業した長崎スタジアムシティは、そのモデルが生かされています。約2万人を収容するサッカースタジアム、約6千席のアリーナ、ホテル、商業施設、オフィスなどで構成される長崎スタジアムシティは、開業後の経済波及効果として、スタジアムシティ自体での消費・需要約600億円に加えて、350億円を超える県内産業の需要の増加などの周辺への波及効果を試算しています。

　海外に目を向ければ、たとえばサッカーの聖地とも称されるイギリスのウェンブリー・スタジアムは、長い間工業地帯であり、都市整備や開発が遅れていた周辺地域を、大規模再開発プロジェクトやオリンピック・パラリンピックを通じて、新たな街に変えました。

　このようなスポーツを中心にすえた地方創生を実現するためには、国や自治体、企業や教育機関など、さまざまな組織の協力と連携が重要となります。言い換えれば、それぞれの組織において、スポーツを深く理解し、その生かし方を考え、取り組む人材が必要です。また、この連携を支え、橋渡し

をする人材が必要になります。

このような視点からアスリートのキャリアを考えてみることもできるのではないでしょうか。

> **POINT**
> スポーツを生かして社会をより良いものにしようという取り組みの1つの好事例として、スポーツによる地方創生がある。

5-5 スポーツの力を守り、生かすために

　最後に、そもそもスポーツが持つパワーの源はどこにあるのか、そして、それを守り生かしていくために求められていることは何かについて、筆者の考えをお伝えしたいと思います。

　スポーツの守護者として、アスリートの皆さんがキャリアを歩むこともあるかもしれません。現役生活においても重要なことだと思いますので、少し丁寧に説明します。

　スポーツのパワーの源の1つには、単純にスポーツは楽しいということがあります。もともと楽しいということにはパワーがあります。そこには人が生きる喜びがあるからです。

　私たちは長い歴史の中で、本来1つであった日々の生活を、生きていくために必要な労働と、生きることを楽しむための娯楽というように、2つに分けてきました。そして、**5-2**で述べた言葉の起源のとおり、スポーツは娯楽の代表格として普及しました。その結果、私たちの生きることを楽しもうとする能動的なエネルギーがスポーツに集約されているのです。

　また、スポーツのパワーの源には、スポーツは人間の本質的な姿が集約されていることが挙げられると思われます。私たち人類は生き残るために、身体を駆使すること、お互いに助け合うこと、時に競い合うこと、困難に挑戦することが求められ、それらを繰り返してきました。そのため、私たちはそれらを素晴らしいもの、尊いものと本能的に感じるのだと思います。

　スポーツにはそれらの要素がシンプルに凝縮されており、その純粋さ、潔さ、美しさが私たちの心を直接動かしているのではないでしょうか。

それでは、スポーツの力を守り、今後さらに生かしていくためには何が必要なのでしょうか。スポーツの力の源は、今述べたとおりその純粋さにあります。それゆえに私たちはスポーツを汚すような行為を嫌います。そのような行為は私たちの生きる喜びを台無しにするものであり、人間の尊厳に対する冒瀆（ぼうとく）さえも意味します。

　しかし、現実にはドーピング、八百長、違法賭博、暴力、ハラスメント、人種差別、スポーツ団体による不祥事など、さまざまな問題がスポーツに関連して発生しています。
　それらが放置されればスポーツが持つパワーは失われかねません。スポーツに惹きつけられ熱狂し、スポーツを応援し支えようとする人たちが離れていってしまいます。

　そこで求められるのが、「スポーツ・インテグリティ」の確保です。インテグリティ（integrity）とは、「高潔さ・品位・完全な状態」を意味する言葉です。スポーツ・インテグリティが確保されることで、スポーツはその力を発揮します。そして、私たちは安心してより多くの人材やお金などをスポーツに回すことができます。
　その結果、スポーツを通じて社会の課題の解決が促進され、より多くの社会の資源がスポーツに集まり、スポーツもまたさらに発展する、という好循環を生み出すことができるのです。

　このスポーツ・インテグリティですが、これまで競技経験者などの関係者の良識によって支えられてきました。
　歴史を振り返ってみると、近代スポーツの多くはイギリスで生まれましたが、スポーツを娯楽として親しんだのは主に貴族などの上流階級です。そこでは、スポーツは人生の楽しみであり社交の場ですので、それを壊すようなことはしないという暗黙の約束がありました。

日本では、相撲などの伝統スポーツの多くは神聖な祭事を起源に持ちます。また、明治時代以降に欧米諸国から輸入された近代スポーツも、国家全体で環境整備が進められ、国民の精神充実や体力向上のための「体育」という人間教育の場を通じて普及してきました。

　そのため、日本人にとってスポーツは高い精神性が求められる世界であり、先輩後輩や恩師とのつながり、礼儀作法、スポーツマンシップなどを強調する独特のカルチャーが築かれてきました。

　こうした関係者同士の信頼関係やカルチャーがスポーツ・インテグリティの確保の中心的な役割を果たしてきました。

　しかし、時が変わりスポーツの大衆化が進み、スポーツの世界にさまざまな人が参入するようになると、こうした前提が崩れていきます。さらに、近年はスポーツのビジネス化が進み、放映権などを通じて多額のお金がスポーツに投資されると、これまでにないリスク要因がもたらされました。

　また、指導者やアスリートなどをはじめとする関係者の不祥事や各種スポーツイベントで発生する諸問題は、その個人の名誉の問題にとどまらず、そこに投資した企業など幅広いステークホルダー（企業など組織と関係のある存在）に影響を及ぼすことになりました。

　そのため、スポーツ界はより多様となったステークホルダーが納得できる客観的なガバナンス（企業がきちんと経営されるための仕組み）の体制を整備する必要に迫られることになったのです。

　現在、そのためにさまざまな取り組みが行われています。たとえば、スポーツ庁は2018年に「スポーツ・インテグリティの確保に向けたアクションプラン」を策定しました。それに基づき、「スポーツ団体ガバナンスコード」を公表しました。

　スポーツ団体は適切な組織運営を行うための原則・規範として、定期的に自らの組織の状況をチェックしています。私たち EY も、スポーツ・インテ

グリティを確保に貢献することで、社会の成長に貢献することを目指しています。

> POINT
> スポーツのパワーの源はその純粋さにある。
> スポーツと社会の発展のために、スポーツ・インテグリティを確保することが重要である。

5-6 スポーツとビジネスのつながり

　先ほど、スポーツの大衆化が進み、ビジネス化が進むことで、スポーツ界のリスクが高まったということを述べました。誤解を招いてはいけませんので、最後にスポーツとビジネスの関係について、もう少しお話ししたいと思います。

　かつてのスポーツ界におけるガバナンスの特徴として、以下の2つの点を指摘されることがありました。

・属人的である
・閉鎖的である

　属人的というのは、シンプルにいえば誰かに依存する状態を指しますが、スポーツ界では2つの特徴があったと思われます。1つ目は特定の誰か（もしくは少数の人）に権限が集中する傾向にあるという点、2つ目はスポーツを愛する有志の人やボランティア精神に支えられてきたという点です。
　また、閉鎖的というのは、自己完結型で、外の人との交流や外部の第三者によるチェックの機会が限られていることを意味します。

　いずれもメリットとデメリットがあります。たとえばメリットでいえば、何かを決めるのも素早くできるでしょうし、その競技の世界の共通の常識を共有しているので、違和感なく円滑に進みやすいでしょう。一方で、デメリットとしては、その競技の世界の常識は世間の非常識というような、そのスポーツの外側からみるとおかしなことがあっても自分達では気づけない、直

せないということが起きかねません。

　この点、Part 4でも述べたように、企業スポーツからスポンサーシップ、パートナーシップとスポーツ界が変わっていく中で、お互いが信頼できる関係となるために、スポーツ界も組織としての体制を強化し、外部の有識者や専門家、ビジネスパーソンも参加し、以前よりも風通しのいい組織になってきました。これまで閉じてきたものを開く中で、いわば異文化交流ともいえる状態になる場面もあったでしょうし、これまでうまくいってきたものを変えることへの違和感など、さまざまな葛藤を乗り越えて、組織として強くなってきたといえるでしょう。

　こうして強くなった組織だからこそ、より多くの支援者を集めることができ、人材や資金等の資源を集めることができ、さらなる発展を遂げることができます。つまり、スポーツ界がよりオープンな組織として成熟していくことで、その競技も強くなることができるということです。サッカーやバスケットボールなどの多くの競技において、日本代表チームや日本出身の選手が活躍する姿を見る機会が増えてきたのは、その実例だといえます。

　ここで伝えたいことは、スポーツ界とビジネス界はお互いを支え、高め合う関係にあるということです。Part 4でも述べたように、お金を通じて人と人がつながり、社会のつながりが深められているのですが、それらの活動がビジネスです。そこでの経験やナレッジがスポーツ界に加わることで、スポーツ界の発展につながります。一方で、スポーツが人の心を動かすパワーは、社会課題を解決しようと取り組むビジネス界にさらなるパワーをもたらします。
　すでにその連携は進んでおり、もはやスポーツ界とビジネス界と切り分けるような言い方をすること自体が時代錯誤になりつつありますが、まだまだ成熟した状態とまでは言い切れず、多くの課題が残されていると思います。

152

両者がより良い関係を築き、さらにお互いを高め合う関係性になれば、私たちの社会はもっと豊かなものになるでしょう。

　そのためには、その担い手となる人の活躍が重要です。スポーツ界からビジネス界に出ていく人、ビジネス界からスポーツ界に出ていく人、スポーツ界とビジネス界をつなげる人、それらの人を支える人、さまざまな人が今後も活躍していくことでしょう。そして、その中にはこれまで以上に多くのアスリートがいることでしょう。

　「アスリートは社会を豊かにする」

　本書を最後まで読んでくださった皆さんは、今、この言葉を聞いて、何を考えているのでしょうか。
　私たちは、多くのアスリートがスポーツ界とビジネス界という垣根を超えて、生き生きと長いキャリアを歩んでいくことを、これからも応援していきたいと思います。

参考文献

枝光聖人『「鍛える」理由48：筋トレがすべてを解決する』三笠書房、2023 年
EY 新日本有限責任監査法人『スポーツの未来を考える③　スポーツの可能性とインテグリティ』同文館出版、2018 年

参考 Web ページ

スポーツ庁（https://www.mext.go.jp/sports/）（2024 年 9 月アクセス）
一般社団法人 SDGs in Sports（https://sports-sdgs.org/）（2024 年 10 月アクセス）

【特別寄稿】
スポーツを通じて社会を豊かに──
（スポーツ X 株式会社）

中田彩仁（スポーツ X 株式会社　経営企画部・上海事業担当）

はじめに

　私は、現在プロサッカークラブの経営をはじめとしたスポーツビジネス事業を行う、スポーツ X 株式会社（以下、スポーツ X）に勤めています。本寄稿では、スポーツ X の事業とともに、そこで活躍するメンバーを紹介したいと思います。

　はじめに、私の自己紹介から始めたいと思います。私は学生時代、陸上競技に約 10 年取り組み、高校では走り幅跳びでインターハイに出場しました。競技は高校で引退しましたが、1cm、0.01 秒を突き詰める面白さ、チーム一丸となって目標を達成する充実感を体感し、将来は、そうしたスポーツの力を活用し、豊かな社会をつくりたいと考えるようになりました。

　一橋大学大学院でスポーツ社会学を学び、新卒で EY ストラテジー・コンサルティング株式会社に入社しました。コンサルティング業界の中でも先駆けてパラアスリートを雇用したり、女性アスリートのセカンドキャリア構築を支援するメンタリングプログラムを実施するなど、本業を軸にすえながらスポーツを通じて社会的価値を創造する取り組みを多く手がけていたのが EY でした。

　私自身、トランスジェンダー当事者（女性として生まれ、現在は男性として生活）としてスポーツと関わってきた中で、スポーツは自分らしくいられる居場所であった一方で、男女の区別を常に意識せざるを得ない空間という葛藤も抱いていました。EY 在職中は、社内の LGBT ＋ネットワーク "Unity" の日本全体の代表を務めたり、EY がスポンサーを務める「プライドハウス

東京」（2020 年東京オリンピック・パラリンピックを契機に開設された LGBTQ とスポーツが主テーマの情報発信施設）との取り組みに従事するなど、スポーツと LGBTQ に関する取り組みにも尽力してきました。そうした取り組みが評価され、2020 年、24 年には、LGBTQ に関して顕著な活躍をした若者に贈られるグローバルな賞、"LGBTQ Top 100 Future Leaders" に選出されました。

そして、より直接的にスポーツに携わり、事業を創り出す挑戦をしたいと願い、2021 年夏にスポーツ X に転職しました。

スポーツ X 創業者・小山淳の想い

スポーツ X 株式会社は、藤枝 MYFC（現在 J2）を前身として 2017 年に設立され、現在 J3 福島ユナイテッド FC を含む国内 4 拠点（仙台、福島、京都、倉敷）、海外 1 拠点（中国・上海）でプロサッカークラブを運営しています。

私たちが目指すのは、プロサッカークラブを通じて、世界中の人々がつながり・交流し、地域が物心ともに豊かになっていく世界です。世の中が一瞬でつながるようになった一方、違いによる分断が生まれ、他者との関わりやコミュニティが希薄化してきた今日において、スポーツを通じて多様な人たちが集い、世界とのつながりが形成されるような未来を実現することを目指しています。

創業者の小山淳は、静岡県藤枝市で生まれ、中学・高校で全国優勝、世代別の日本代表で中田英寿氏や宮本恒靖氏（現日本サッカー協会会長）とプレーするなど、将来を嘱望された選手でした。彼が特殊だったのは、1986 年、当時 10 歳のとき、マラドーナ選手が活躍するワールドカップを見て、「将来サッカー協会会長になる」と親に宣言したということです。

高校卒業時、当時 3 つの J リーグクラブからオファーがありましたが、サッカー協会会長を目指すことを見すえて早稲田大学に進学し、学業に励むと

ともにプロサッカー選手を目指します。しかしながら、そこで再起不能の大怪我に見舞われ、2年間の懸命のリハビリも甲斐なく、プロサッカー選手としての道を断たれてしまいます。

しばらくは失意のどん底にいましたが、23歳のとき、自分の目で世界を見ようと世界33か国を訪れたことが、現在の事業につながる大きな転機となりました。1年間アルバイトで資金を貯め、さまざまな国に足を運ぶ中で、明日を生きるために犯罪に手を染める人、物乞いする子どもを目の当たりにし、小山自身も2度強盗に遭い、命の危険を感じる経験もしたそうです。

サッカーができなくなったくらいで、失意のどん底にいたけれど、自分はたまたま日本という恵まれた環境に生まれ育っただけで、世界にはこんなにも貧困や格差がある。だったら一生をかけて、世界中の貧困や不平等をなくす。そう決意し、その思いを25年以上持ち、走り続けています。

藤枝MYFC創業～地域経済のハブとなるサッカークラブの価値への気づき～

小山は帰国後、まずは、インターネット関連企業を立ち上げました。起業した2002年当時、インターネットはすでに社会に普及していましたが、今後その重要性がより増していくと考え、ブログサービス等のウェブサービスを提供する事業を始めます。時流もあり、会社は比較的堅実に経営はできていたものの、一方で、ITの力だけで、世界中の貧困、機会の不平等をなくすことはそう簡単ではないとも感じていました。

そうした中、再度サッカーへの接点を持つ機会が訪れました。サッカーメディアのウェブ業務を運営する流れの中で、その一機能としてJリーガーに特化したブログサービスを始めることになり、Jリーグクラブやプロ選手と接する機会が増えていきました。彼らと改めて交流を深める中で、ITテクノロジーとサッカー、これらをかけ合わせることでこれまでとは違う形でサッカー界に恩返しができるのではないか、そう考え、2009年にスポーツXの前身にあたる「株式会社藤枝MYFC」を創業しました。

藤枝 MYFC は、当初、SNS とクラウドファンディングによる熟議を通じたサイバーコミュニティによるサッカークラブ経営を目指して始まりました。ネット空間における FC バルセロナのソシオ制度（会員が会費を払い、運営する組織）に近いイメージを持っていただければと思います。

　たとえば、ウェブ投票を通じて監督を選ぶなど、出資者たちによる投票という民主主義的な手続きを通してクラブの方針を決めています。藤枝MYFC の "MY"（私たちの）もそこに由来します。しかし当時、ウェブによる課金がまだ一般的にはなじみが薄く、会員獲得は伸び悩みました。

　一方、この藤枝 MYFC の創業は、小山にまったく違ったスポーツの可能性に気づかせた契機にもなりました。それは、地域の象徴であるサッカークラブとは「地域経済のハブ」となる可能性を秘めた存在であるということです。

　当時、藤枝 MYFC は、地元企業や経営者の方を中心に 500 社以上の株主・パートナーの方々に応援をいただいていました。一般的にサッカークラブでは「スポンサー」と呼ばれる支援者・企業ですが、私たちは、サッカークラブを通じて普段接点のない企業同士をつないだり、企業の課題解決につながる機会を創出することを目指し、「パートナー」という呼称を使用しています。

　なぜそう呼ぶようになったのか？　一例を紹介すると、藤枝 MYFC では、クラブ公式キャンディを作ったことがありました。藤枝市の地産地消商品として、地元のブルーベリー農家から仕入れたブルーベリーを使用し、藤枝市内の製菓メーカーでキャンディとして加工・製造。6 次産業化の促進を図りたい藤枝市はメーカーに補助金を交付し、開発を後押ししてくれました。

　地元企業とクラブのコラボは、地元メディアも大きな関心を持ち、大々的に報道されましたが、成功はそれだけではありませんでした。通常こうしたマイナーなお菓子は、大手スーパーや薬局の陳列棚に置いてもらうことは容易ではありません。大手メーカー各社が CM など膨大なマーケティング費用を費やして、陳列棚獲得の競争にしのぎを削っているからです。

しかし、私たちが完成したキャンディをクラブの株主・パートナー500社に伝えたところ、思わぬ展開が待っていました。チェーン展開をしている地元スーパーや薬局が「それならウチの棚を空けますよ」と商品棚を快く空けてくださり、地域のスーパーや薬局に大々的にキャンディを置かせてもらえることになったのです。

さらには、建材の商社からは、「今うちの会社のパンフレットで、熱中症対策の塩飴を扱っているけど、せっかくなら同じ地元のクラブを応援する企業同士ということで、塩飴の代わりに、そのキャンディを仕入れさせてくれないか？」というお話をいただいたのです。

このように、まったく接点のなかった企業同士がサッカークラブを通じてつながり、さらには新たな事業連携や連帯が生まれる光景を目の当たりにし、サッカークラブが地域経済のハブになるという新たな価値に気づいたのです。

そしてそれは、藤枝だけではなく、日本の他の地域でも十分に可能性があるのではないか。その気づきが現在のスポーツXを立ち上げるきっかけとなりました。地域に必要とされ、地域を豊かにするサッカークラブを、日本中・世界中につくっていく。小山の想いがスポーツXの事業に込められています。

サッカークラブから生まれていく人材

スポーツXでは、現在、国内4拠点、海外1拠点でのプロサッカークラブ事業に加え、グループ会社にてキッズスポーツスクールアカデミーを展開しており、日本・ベトナム・シンガポール合わせて約1万9千人の生徒が通っています。

藤枝MYFCから今日に至るまで、プロサッカー選手として活躍したあと、事業においても多方面でのキャリアを築いてきた社員2名を紹介します。

①奈良林寛紀〜一度はサッカーを辞めるも、J3主将として活躍、引退後はスクール事業・海外拠点責任者へ〜

　青山学院大学・体育会サッカー部で主将を務めた奈良林は、卒業後はサッカーを辞める選択をし、社会人として就職活動をする中で、当時藤枝MYFCの子会社であったキッズスポーツスクールアカデミーのスクールコーチに応募をしてきました。大学時代の経歴から、選手としても通用するのではないかと採用担当者から問い合わせがあり、クラブのスカウティングとは無縁で加入した選手です。

　「選手兼任社員」として、午前中はチームの練習に励み、午後はスクールアカデミーのコーチとして社業に取り組みました。一般的には、大卒選手でJ1に加入しても、出場機会が得られずに、J2、J3とカテゴリが下がっていく選手が大半である中で、奈良林は真逆のキャリアを積み上げます。

　当時藤枝MYFCは、地域リーグ（J1から数えて5部相当）でしたが、彼の活躍もあり、JFL（4部相当）に昇格し、その勢いのまま、創設5年でJ3昇格を達成しました。彼自身、毎年フル出場に近い活躍を続け、Jリーグ通算55試合出場、引退する際にはサポーターから「ミスター藤枝」と惜しまれるほどでした。

　特筆すべきは、彼が、サッカー選手としてキャリアを築く中でも、アカデミーコーチとしての仕事を最優先したことです。昇格のかかった重要な試合の直前でも変わらず、直前まで社業に取り組み、試合に間に合うギリギリのタイミングで数百キロも移動して試合に出ていました。

　そのような仕事に取り組む姿勢は、サッカー選手引退後もビジネスパーソンとして活躍するうえでの土台となり、現在は、シンガポール拠点のスクール事業責任者を務めています。

②石田祐樹〜Jリーグ193試合出場、強化・ビジネス多領域でのキャリアロールモデル〜

　石田は、大学卒業後、湘南ベルマーレにてプロサッカー選手のキャリアを

スタートさせ、徳島ヴォルティス、松本山雅 FC でプレーし、J リーグ通算
193 試合出場の実績を持ちます。

　石田自身、当時 10 年近くプロサッカー選手として活動してきた中で、い
ざ 30 歳を超えると引退後のキャリアについて不安を抱くようになったとい
います。「サッカー選手としてまだまだ戦えるという想いもありながら、い
つの日か引退をしなければならないと考えた際にサッカー以外の武器につい
て考えるようになった。」そんなとき、当時藤枝 MYFC 代表であった小山
から、選手としてプレーしながらも引退後のキャリアも準備できる環境を提
案され、加入を決意。

　藤枝 MYFC では、選手として JFL 昇格にも大きく貢献しながら、専門学
校へ通い柔道整復師の資格を取得し、男女のアカデミーコーチも務め、指導
者としての経験も積んでいきました。

　また引退後は、広報部長を担い、基礎的なビジネススキルを習得しなが
ら、多様な経験を積み、現在は、スポーツ X でグループ全体の選手・チー
ム強化統括を担っています。たとえば、選手獲得においても、2 月の J クラ
ブが集うキャンプ地に足を運べば、J クラブの強化部スタッフは軒並み石田
の現役時代のチームメイトや、交流のあった方々ばかりで、選手時代のネッ
トワークを生かした圧倒的な強みを発揮しています。

　このように、ビジネス・強化の両側面において、ロールモデルとなるキャ
リアを築いています。

おわりに

　スポーツを通じて、世界中の人々をつなぎ、次世代を育て、地域を豊かに
する。私たちが掲げる目標には、まだまだ志半ばでありますが、関わってく
ださる皆様とご一緒させていただきながら、社会を豊かにするサッカークラ
ブづくりに今後も邁進していきます。

〈執筆者紹介〉

【執筆・編集】

多田　雅之（EY 新日本有限責任監査法人　パートナー）

【執筆】

守屋　敬介（EY 新日本有限責任監査法人　シニアマネージャー）

木本　勝己（EY 新日本有限責任監査法人　シニアスタッフ）

塚田　淳矢（EY 新日本有限責任監査法人　スタッフ）

【共同執筆】

下平　絵里加

アイスホッケー選手として全日本選手権優勝、ユニバーシアード日本代表。競技引退後 MBA を取得しビジネス界へ転身。現在、株式会社土木管理総合試験所常務取締役 管理部門長。

（所属・肩書は 2025 年 2 月時点）

EY | Building a better working world

EY は、クライアント、EY のメンバー、社会、そして地球のために新たな価値を創出するとともに、資本市場における信頼を確立していくことで、より良い社会の構築を目指しています。

データ、AI、および先進テクノロジーの活用により、EY のチームはクライアントが確信を持って未来を形づくるための支援を行い、現在、そして未来における喫緊の課題への解決策を導き出します。

EY のチームの活動領域は、アシュアランス、コンサルティング、税務、ストラテジー、トランザクションの全領域にわたります。蓄積した業界の知見やグローバルに連携したさまざまな分野にわたるネットワーク、多様なエコシステムパートナーに支えられ、150 以上の国と地域でサービスを提供しています。

All in to shape the future with confidence.

EY とは、アーンスト・アンド・ヤング・グローバル・リミテッドのグローバルネットワークであり、単体、もしくは複数のメンバーファームを指し、各メンバーファームは法的に独立した組織です。アーンスト・アンド・ヤング・グローバル・リミテッドは、英国の保証有限責任会社であり、顧客サービスは提供していません。EY による個人情報の取得・利用の方法や、データ保護に関する法令により個人情報の主体が有する権利については、ey.com/privacy をご確認ください。EY のメンバーファームは、現地の法令により禁止されている場合、法務サービスを提供することはありません。EY について詳しくは、ey.com をご覧ください。

EY 新日本有限責任監査法人について

EY 新日本有限責任監査法人は、EY の日本におけるメンバーファームであり、監査および保証業務を中心に、アドバイザリーサービスなどを提供しています。詳しくは、ey.com/ja_jp/about-us/ey-shinnihon-llc をご覧ください。

本書は一般的な参考情報の提供のみを目的に作成されており、会計、税務およびその他の専門的なアドバイスを行うものではありません。EY 新日本有限責任監査法人および他の EY メンバーファームは、皆様が本書を利用したことにより被ったいかなる損害についても、一切の責任を負いません。具体的なアドバイスが必要な場合は、個別に専門家にご相談ください。

ey.com/ja_jp

2025年3月15日　初版発行　　　　　　　　　略称：アスリートキャリア

アスリートがキャリアを考えるときに
最初に読む本

編　　者　　EY新日本有限責任監査法人

発 行 者　　中　島　豊　彦

発行所　同 文 舘 出 版 株 式 会 社
東京都千代田区神田神保町1-41　　　〒101-0051
営業（03）3294-1801　　　編集（03）3294-1803
振替 00100-8-42935　　https://www.dobunkan.co.jp

© 2025 Ernst & Young ShinNihon LLC. All Rights Reserved.
Printed in Japan

製版：朝日メディアインターナショナル
印刷・製本：萩原印刷
装丁：志岐デザイン事務所
ISBN978-4-495-39095-2

JCOPY 〈出版者著作権管理機構 委託出版物〉
本書の無断複製は著作権法上での例外を除き禁じられています。複
製される場合は，そのつど事前に，出版者著作権管理機構（電話 03-
5244-5088，FAX 03-5244-5089，e-mail: info@jcopy.or.jp）の許諾を得
てください。

「スポーツの未来を考える」シリーズ

スポーツの未来を考える①
スポーツ団体の
マネジメント入門
―透明性のあるスポーツ団体を目指して―

A5判　216ページ
税込 2,090円（本体 1,900円）

スポーツの未来を考える②
最新スポーツビジネスの基礎
（第2版）

―スポーツ産業の健全な発展を目指して―

A5判　224ページ
税込 2,090円（本体 1,900円）

スポーツの未来を考える③
スポーツの可能性と
インテグリティ
―高潔なスポーツによる豊かな社会を目指して―

A5判　176ページ
税込 1,980円（本体 1,800円）

同文舘出版株式会社